130점 더 올려주는 JPT 고득점 필수어휘 1400

강성찬 지음

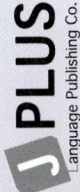

청해 고득점의 빠른 길

▶ 일본어가 안 들리면 백약이 무효!

PART2「질의응답」문제를 다 맞힐 수 있는 비결은 질문의 의도를 끝까지 가져가면서 집중하여 (A)(B)(C)(D)를 듣는 것이다. 일본어의 특성상 화자가 어떠한 의도를 가지고 있는지를 알기 위해서는, 문장을 끝까지 들어보지 않으면 알 수 없다. PART3「회화문」은 수험자의 회화능력을 간접적으로 평가하는 파트이다. 청취능력과 함께 질문과 보기를 빨리 읽는 능력을 갖추어야 한다. 특히 장면, 상황에 따라 대화의 의미가 달라지는 경우도 있기 때문에 어떤 장면에서 이루어지는 대화인가를 파악해야 한다. 테이프의 내용이 나오기 전 무엇을 요구하는지 문제의 질문을 읽고 그 내용에 집중하는 것이 바람직하다.

▶ JPT청해 귀로 하는 것이 아니라 입으로 하는 것

그러나 이러한 실전 문제 풀이에서의 구체적 방법이 일본어가 들리지 않는 사람에게는 의미 없는 공허한 요령일 뿐이다. 그래서 먼저 일본어가 들리기 위한 효과적인 학습이 무엇인지 생각해 봐야 한다. 우리는 일본어를 듣는다는 것은 우리 귀를 통해 들어오는 소리에 대해 대뇌를 통해 무슨 의미인지 파악이 되어야 비로소 내용을 알 수 있고 반응을 보이며 느낄 수 있다. 그러므로 소리가 귓가를 울리는데 그게 도대체 무슨 말인지 무슨 표현인지, 무슨 뜻인지를 모르고 무작정 듣기만 해서는 소음에 지나지 않으며 의미 전달이 안 되므로 머리에 남는 것이 없다. 이것을 통해 우리는 중요한 원리를 알게 된다. 스스로 일본어 청해가 전혀 안 된다고 판단 되는 사람은 먼저 무작정 들으려고만 할 것이 아니라 쓸 만한 스크립트나 책을 펼쳐 놓고 테이프에서 나오는 문장을 따라 읽어야 한다는 것이다. 동시에 따라 읽으면서 써 보는 것이 좋다. 문장은 생각과 느낌을 전달하는 표현이므로 한 문장을 읽고 대뇌 속에 입력한다는 것은 하나의 표현을 익힌 경우에 해당하며, 이것을 손으로 써 본다는 것은 문장을 쓴 것이다. 스크립트의 문장을 눈으로만 읽고 지나간 사람은 독해를 공부한 것이므로 청해 공부를 했다고 할 수 없을 것이다.

▶ JPT질의응답/회화문을 집중연습하기 위한 특별한 방법

여러분이 단기간에 어떤 내용을 파악하기 원한다면 일단 해당 스크립트를 철저하게 분석하고 반복하여 소리 내어 읽어보라. 그리고 들어보면 그 내용이 훤하게 들릴 뿐만 아니라 하나의 문장을 다 파악하며 들었다는 자신감은 다른 내용의 청해에서도 자신감을 불어넣어줄 것이다. 이러한 학습을 돕기 위해 본 책에서는 문 말의 어감을 중심으로 항목을 분류하고 다양한 표현력을 익힐 수 있도록 구성하였다. JPT 청해 시험은 어떤 구체적인 상황에서 자주 사용되는 표현들을 얼마나 알고 있는지

평가하는 시험이다. 즉 수험생이 특정 상황에서 사용하는 일본어 표현을 얼마만큼 알고 있느냐에 따라 그 점수가 결정된다. 따라서 표현을 알고, 입으로 떠라 하고, 스스로 말할 수 있고, 글로 쓸 수 있을 때 비로소 한 표현이 완성되는 것이며 이러한 것들이 머리에 쌓여갈 때 전반적인 일본어 실력이 늘어나게 되는 것이다.

우선적으로 이 책에서 뽑아놓은 내용을 중심으로 이 문장들을 입으로 외워야 한다. 하나의 의미 단위인 문장을 계속 반복하여 입으로 외우고 써 봐야 한다. 그것이 여러분을 일본어 응답문제와 회화문에서 자유롭게 해 줄 것이다.

▶ 귀를 뚫어주는 반복학습의 효과

토종 수험생들이 JPT 시험 대비 과정에서 가장 고생하는 것이 청해 실력이 단기간에 좀처럼 향상되지 않는 다는 점이다. 일본 현지에서 어학연수나 생활 경험이 전혀 없는 경우에 청해 공략에 대한 고심은 더욱 커질 수밖에 없다. 그러나 이와 같이 청취가 잘 안 되어 고민하는 사람들의 귀가 뻥 뚫릴 수 있게 하는 방법이 있다. 완전한 일본어 음성 테이프나 CD를 한 개라도 철저히 들어주면 된다. 당장 실천해 보아야 할 것은 자기의 현재 수준보다 약간 어려운 한 개의 테이프를 스크립트 없이 우리말처럼 들릴 때까지 반복해야 한다는 것이다. 스크립트를 보고 싶은 충동이 일더라도 참았다가 마지막 단계에서 텍스트를 보면서 제대로 이해했는지를 확인하는 방법으로 공부를 하면 효과가 있다. 여러 개의 테이프를 적당하게 듣고 넘어가는 방법보다는 한 개의 테이프를 몇 번이고 반복해서 듣는 것이 일본어의 청해력을 높이는 지름길이다. 60분용 테이프를 60회 반복해서 텍스트 없이 테이프의 내용을 90%정도 이해할 수 있다면 신기하게도 일본어 청취능력은 그 테이프에서 국한되지 않고 들린다는 자신감과 더불어 반복하여 듣는 중에 리듬감과 어휘력을 증폭시켜줌으로써 전혀 다른 일본어 내용의 청취가 가능해지게 되는 것이다.

2010년 2월 강성광

차 례

130점 더 올려주는
JPT 회화표현 1400

청해 고득점의 빠른 길
귀를 뚫어주는 반복학습의 효과

STEP1　가능, 희망, 의향
STEP2　강제, 요구, 경험
STEP3　판단, 확인, 의문
STEP4　충고, 권유
STEP5　추량
STEP6　전문, 인용, 수급관계
STEP7　평가
STEP8　원인, 이유
STEP9　의지
STEP10　완료, 결론
STEP11　경향, 상황, 상태
STEP12　감탄, 동의, 소감
STEP13　인사, 비즈니스 일반

130점 더 올려주는
JPT 회화표현 1400
あいうえお순

STEP 1

가능, 희망, 의향

001 □ あいにく山田は外出しております。

002 □ 暑いのに長袖に手袋ですか。

003 □ あの人は口がうまいから、100％信用できないね。

004 □ アパートはどんな間取りをご希望ですか。

005 □ 行きたいのはやまやまなんですが。

006 □ いつも娘がお世話になっております。

007 □ 今、東京駅の2番出口にいます。

008 □ いや、なかなか時間が取れなくて。

009 □ いや、まだ、気持ちは揺れているみたいだよ。

010 □ 駅なら、まっすぐ行くと右側にありますよ。

011 □ 遠慮しないで召し上がってください。

012 □ お決まりになりましたでしょうか。

013 □ お気を落とさずに頑張ってください。

014 □ お仕事中すみませんが、少し時間をいただけますか。

015 □ お席の方はどちらをご用意しましょうか。

STEP 1 가능·희망·의향

▶ 공교롭게도 야마다는 외출 중입니다.

▶ 더운데 긴 팔 소매에 장갑을 끼고 있습니까?

▶ 저 사람은 말을 잘해서 100% 신용할 수가 없어.

▶ 아파트는 어떤 방 배치를 원하십니까?

▶ 가고 싶은 마음이야 굴뚝같습니다만.

▶ 딸이 늘 신세 많이 지고 있습니다.

▶ 지금 도쿄 역 2번 출구에 있어요.

▶ 그게, 좀처럼 시간을 낼 수 없어서.

▶ 아니, 아직 마음이 흔들리고 있는 것 같아.

▶ 역은, 곧장 가면 오른쪽에 있어요.

▶ 사양 말고 드십시오.

▶ 메뉴를 정하셨습니까?

▶ 기운을 잃지 마시고 힘내세요.

▶ 일하시는 중에 죄송합니다만, 잠깐 시간 좀 내주실 수 있겠어요?

▶ 자리는 어디로 준비할까요?

016 □ おそかれはやかれ、あの二人は結婚するね。

017 □ 遅くなりましたので、そろそろ失礼します。

018 □ お待たせして申し訳ございません。

019 □ おそば屋さんに出前を頼むんだけど。

020 □ お茶を入れていただけませんか。

021 □ お冷やいっぱいもらえますか。

022 □ お昼は何になさいますか。

023 □ おふろのお湯が沸きましたよ。だれか入りなさい。

024 □ カードは使えますか。

025 □ 家具売り場は8階でございます。

026 □ 会議室、4時までに空けていただけますか。

027 □ かろうじてできるという程度では困るんです。

028 □ 乾電池2本買ってきてくれない。

029 □ 記者会見の時間を知りたいんですが。

030 □ 貴重品はフロントでお預かりしますが。

031 □ 急に用事ができて、行けなくなっちゃったんです。

032 □ 今日の天気予報は外れだ。

▶ 조만간 저 두 사람은 결혼하겠지.

▶ 늦었으니까, 그만 가보겠습니다.

▶ 많이 기다리게 해서 죄송합니다.

▶ 국수 집에 배달을 시킬 건데.

▶ 차를 좀 주시겠습니까? (차 한 잔 주시겠어요?)

▶ 물 한 잔 주실래요?

▶ 점심식사는 무엇으로 하시겠습니까?

▶ 목욕물이 데워졌어요. 누군가 목욕을 해요.

▶ 신용카드는 사용할 수 있나요?

▶ 가구 매장은 8층입니다.

▶ 회의실, 4시까지 비워주실 수 있겠습니까?

▶ 간신히 할 수 있는 정도로는 곤란합니다.

▶ 건전지 두 개만 사다 줄래?

▶ 기자회견 시간을 알고 싶어요.

▶ 귀중품은 프런트에서 보관해 드립니다만.

▶ 갑자기 볼일이 생겨, 갈 수 없게 되었습니다.

▶ 오늘 일기예보는 빗나갔네.

STEP 1 가능 · 희망 · 의향

033 □ 今日は忙しくて、送別会には行けません。

034 □ 今日は私に払わせてください。

035 □ 結婚式の祝辞をお願いできないでしょうか。

036 □ ご記入いただけますか。

037 □ ご紹介します。こちらは小川さんです。

038 □ こちらでお待ちいただけますか。

039 □ こちらの用紙にご記入いただけますか。

040 □ 子どもを育てるのは大変ですね。

041 □ このかばん、あと2000円あれば買えるんだけど。

042 □ この書類、ちょっとわからないんですけど、書き方を教えていただけませんか。

043 □ この荷物を明日まで預ってもらえますか。

044 □ ご迷惑をおかけして申し訳ございませんでした。

045 □ ゴルフはよくなさいますか。

046 □ ゴルフをすることができますか。

047 □ これドライクリーニングできますか。

048 □ ご連絡いただけますか。

STEP 1 가능·희망·의향

▶ 오늘은 바빠서 송별회에 못 갑니다.

▶ 오늘은 제가 지불하겠습니다.

▶ 결혼식 축사를 부탁드릴 수 있을까요?

▶ 기입해 주시겠습니까?

▶ 소개하겠습니다. 이쪽은 오가와 씨입니다.

▶ 이쪽에서 기다려 주시겠습니까?

▶ 이 용지에 기입해 주시겠습니까?

▶ 아이를 키우기가 힘들군요.

▶ 이 가방, 2000엔만 더 있으면 살 수 있는데.

▶ 이 서류, 잘 모르겠는데요. 작성법을 가르쳐 주시겠어요?

▶ 이 짐을 내일까지 맡아줄 수 있습니까?

▶ 폐를 끼쳐 드려서 죄송합니다.

▶ 골프는 자주 하십니까?

▶ 골프를 칠 수 있습니까?

▶ 이거 드라이클리닝 할 수 있어요?

▶ 연락 주시겠습니까?

049 □ 今回は日帰りで行ってきます。

050 □ 今度の商談、部長からも一言口を添えていただけませんか。

051 □ 最近、どんな本を読みましたか。

052 □ 実は、体調が悪くなりまして。

053 □ 写真を撮っていただけませんか。

054 □ 準備の方は大丈夫ですか。

055 □ 少々お待ちいただけますか。

056 □ すみません、ちょっと詰めていただけますか。

057 □ すみませんが、これ、包みなおしてもらえませんか。

058 □ すみません、両替していただけますか。

059 □ すみませんが、水曜日までに書類を届けると伝えていただけませんか。

060 □ そうさせていただければありがたく思います。

061 □ それちょっと見せてもらってもいいですか。

062 □ そんなことできるわけがないじゃないですか。

063 □ たいした量じゃないし、急いでないから。

064 □ 大事な書類を無くしてしまいました。

▶ 이번에는 당일치기로 다녀오겠습니다.

▶ 이번 거래, 부장님께서도 한 말씀 거들어 주실 수 없을까요?

▶ 요즘 어떤 책을 읽었습니까?

▶ 실은 몸 상태가 안 좋아져서.

▶ 사진을 찍어 주시겠습니까?

▶ 준비는 잘 되어갑니까? (문제 없습니까?)

▶ 잠시 기다려 주시겠습니까?

▶ 죄송하지만, 조금 사이를 좁혀 주실 수 없을까요?

▶ 죄송하지만, 이거 다시 포장해 주시면 안 될까요?

▶ 저기요, 환전해 주시겠습니까?

▶ 죄송하지만, 수요일까지 서류를 보내드린다고 전해주실 수 있겠습니까?

▶ 그렇게 해 주시면 대단히 고맙겠습니다.

▶ 그것 잠깐 보여주실 수 있습니까?

▶ 그런 일이 가능할 리가 없잖아요?

▶ 대단한 양도 아니고, 급하지도 않으니까.

▶ 중요한 서류를 잃어버렸습니다.

065 □ 楽しいひとときを過ごさせていただきました。

066 □ 近いうちに、改めてご連絡いたします。

067 □ 注文したものが届くのはいつですか。

068 □ 注文したものがまだ来ないんですけど。

069 □ ちょっと意見を聞かせてほしいんですけど。

070 □ ちょっとクーラーを切っていただけますか。

071 □ ちょっと、この服、着てみたいんですが……

072 □ ちょっと相談したいことがあるんですが。

073 □ ちょっと手伝ってもらえますか。

074 □ ちょっと日本語に翻訳してほしいんですけど。

075 □ ちょっと本を貸していただけませんか。

076 □ ついでに葉書を出してくれませんか。

077 □ できましたら、近いうちにまたお会いしたいんですが。

078 □ できれば、1時間、早く帰らせていただきたいんですが。

079 □ できれば休みを取らせていただきたいんですが。

080 □ では、ご伝言をお願いしたいのですが。

081 □ では、拝見できますか。

- 즐거운 시간을 보냈습니다.
- 가까운 시일 내에 다시 연락 드리겠습니다.
- 주문한 물건이 도착하는 것은 언제입니까?
- 주문한 물건이 아직 오지 않았는데요.
- 잠시 의견을 들려주셨으면 합니다만.
- 잠깐 에어컨을 꺼 주시겠어요?
- 저, 이 옷 입어보고 싶은데요….
- 잠시 의논하고 싶은 일이 있습니다만.
- 좀 도와줄 수 있어요?
- 잠깐 일본어로 번역을 해 주었으면 합니다만.
- 잠시 책을 빌려주시겠습니까?
- 가는 김에 엽서를 부쳐주시겠습니까?
- 가능하면 가까운 시일 내에 다시 뵙고 싶습니다만.
- 가능하면 한 시간 일찍 집에 가고 싶은데요.
- 가능하면 휴가를 얻고 싶습니다만.
- 그럼, 메시지를 부탁 드리고 싶습니다만.
- 그럼, 볼 수 있습니까?

082 □ どうぞ、おかけください。今、お茶を入れますから。

083 □ 土曜日に野球を見に行きませんか。

084 □ 取り寄せていただくことはできますか。

085 □ なかなか時間が取れなくて。

086 □ なんとお礼を言っていいのかわかりません。

087 □ 何度もメールを送ったのに、見なかった(?)。

088 □ 残りを持ち帰りにできますか。

089 □ ビザを取らなくても入国できますか。

090 □ 引っ越しの日に雨が降らなければいいんですが。

091 □ 費用はこちらが持ちますから、準備をそちらでやっていただけないでしょうか。

092 □ ポイントカードのご利用で、700円割引になります。

093 □ ほかならぬ前田さんの頼みとあっては、断るわけにはいきませんね。

094 □ 前から食べたいと思っていました。

095 □ 満場一致で文句なく決まったよ。

096 □ 見本は航空便でお送りいたします。

097 □ もう遅くなりましたので、今日はこれで失礼します。

- 자, 앉으세요. 지금 차를 내올 테니까요.
- 토요일에 야구 보러 가지 않을래요?
- 주문해 줄 수 있습니까?
- 좀처럼 시간을 낼 수 없어서.
- 뭐라고 감사의 말씀을 드려야 할지 모르겠습니다.
- 몇 번이나 메일을 보냈는데, 안 봤어?
- 남은 것을 싸 가지고 갈 수 있나요?
- 비자를 받지 않아도 입국할 수 있습니까?
- 이사하는 날에 비가 안 오면 좋겠는데.
- 비용은 이쪽에서 부담할 테니까, 준비를 그쪽에서 해 주실 수 있겠습니까?
- 포인트 카드를 이용하셔서, 700엔 할인됩니다.
- 다름 아닌 마에다 씨의 부탁이니 거절할 수가 없군요.
- 전부터 먹고 싶었습니다.
- 만장일치로 불만 없이 결정되었어.
- 견본은 항공편으로 보내 드리겠습니다.
- 벌써 시간도 늦었고 오늘은 이만 실례하겠습니다.

098 □ もう少しゆっくり話していただけますか。

099 □ もうちょっと負けてもらえませんか。

100 □ 4時までに来られそうですか。

101 □ よろしかったら、夕食でもご一緒にいかがですか。

102 □ 来週の旅行が待ち遠しいね。

▶ 좀 더 천천히 말씀해 주시겠습니까?

▶ 좀 더 깎아줄 수 없나요?

▶ 4시까지 올 수 있을 것 같습니까?

▶ 괜찮으시다면 저녁 식사라도 함께 하시지 않겠습니까?

▶ 다음 주의 여행이 몹시 기다려지네.

STEP 2　강제, 요구, 경험

001 □ 青いのよりも赤いのにしない(?)。

002 □ 明日の朝、6時半までに出社してください。

003 □ 新しくできた店に行ってみようか。

004 □ 石田と申しますが、山田さんお願いします。

005 □ 忙しいからぐずぐずしていないで手早くしてくださいよ。

006 □ 忙しそうですね。お手伝いしましょうか。

007 □ いつでも声をかけてください。

008 □ 受付でお聞きになってください。

009 □ 売れ残りの商品、返品するわけにはいかないんですか。

010 □ 駅まできたら、お電話ください。

011 □ お下がり、もらってくれる(?)。(お下がり : 작아진 옷)

012 □ お支払いはあちらでお願いします。

013 □ お食事は何になさいますか。

014 □ お手数ですが、署名、捺印の上、ご返送ください。

015 □ 会議の資料、何部用意いたしましょうか。

▶ 파란 것보다도 빨간 걸로 안 할래?

▶ 내일은 아침 6시 반까지 출근하도록 하세요.

▶ 새로 생긴 가게에 가 볼까?

▶ 이시다라고 하는데요. 야마다 씨 부탁해요.

▶ 바쁘니까 꾸물거리지 말고 빨리 좀 해 주세요.

▶ 바쁜 것 같군요. 도와 드릴까요?

▶ 언제라도 불러 주세요. (권유)

▶ 접수처에 물어보십시오.

▶ 팔다 남은 상품은 반품할 수 없습니까?

▶ 역까지 오거든 전화 주세요.

▶ 작아진 옷, 가져갈래?

▶ 계산은 저쪽에서 부탁합니다.

▶ 식사는 뭘로 하시겠습니까?

▶ 수고스러우시겠지만, 서명, 날인한 후에 반송해 주십시오.

▶ 회의 자료, 몇 부 준비할까요?

016 ☐	会場を今月中に予約しておいてください。
017 ☐	帰りの方向が同じだから相乗りさせてもらっていいですか。
018 ☐	係りのものにおつなぎします。少々お待ちください。
019 ☐	必ず本人が行って手続きをしなければならないんですか。
020 ☐	かならず私が行かなければなりませんか。
021 ☐	今日中に済せてもらわないと困りますよ。
022 ☐	今日はお寿司にしませんか。
023 ☐	今日みんなで食事をするんだけどいらっしゃいません(?)。
024 ☐	去年の二の舞を演じないように、練習に力を入れるべきですよ。
025 ☐	気をつけて、歩いてください。
026 ☐	金額をご確認の上、サインをお願いします。
027 ☐	靴を脱がないで、そのままお入りください。
028 ☐	暗くてよく見えません。電気をつけてください。
029 ☐	けがをものともせずに走り抜いたそうです。
030 ☐	交通費は私がもつから、代わりに行ってください。
031 ☐	ゴルフ大会に部長もご一緒にいかがですか。

▶ 회장을 이달 중에 예약해 두세요.

▶ 돌아가는 방향이 같으니까 합승해도 될까요?

▶ 담당자에게 연결해 드리겠습니다. 잠시만 기다려 주세요.

▶ 반드시 본인이 가서 수속을 하지 않으면 안 됩니까?

▶ 꼭 제가 가지 않으면 안 되나요?

▶ 오늘 중으로 끝내지 못하면 곤란합니다.

▶ 오늘은 생선초밥을 먹지 않을래요?

▶ 오늘, 다 같이 식사할 건데 안 오시겠어요?

▶ 작년의 실수를 되풀이 하지 않도록, 연습에 힘을 쏟아야만 합니다.

▶ 조심해서 걸으세요.

▶ 금액을 확인하시고, 사인 부탁 드립니다.

▶ 구두를 벗지 말고, 그대로 들어오세요.

▶ 어두워서 잘 안 보입니다. 불을 켜 주세요.

▶ 부상을 아랑곳하지 않고 완주했다고 합니다.

▶ 교통비는 내가 낼 테니까 대신 가 주세요.

▶ 골프대회, 부장님도 함께 어떠세요?

032 □ 今度の土曜日、うちで夕食でもどうですか。

033 □ コーラおかわりいかがですか。

034 □ ここは禁煙になっていますよ。

035 □ ご注文をどうぞ。

036 □ こちらにお掛けください。

037 □ こちらをご覧ください。

038 □ この色などはいかがですか。

039 □ このお菓子、もう少しありませんか。

040 □ この形で、もう少し大きいのはありませんか。

041 □ この小包を小川さんのところに郵送してください。

042 □ この仕事はわたしにやらせてください。

043 □ このボールペン、使ってもいいですか。

044 □ このボランティアの仕事、山田さんもやってみませんか。

045 □ この水は飲まないでください。

046 □ このレストランでは何がお勧めですか。

047 □ ごゆっくり、どうぞ。

048 □ これつまらないものですが、どうぞ。

▶ 이번 주 토요일에 저희 집에서 저녁식사라도 어떻습니까?

▶ 콜라 한 잔 더 어떠세요? (더 드시겠어요?)

▶ 여기는 금연으로 되어 있어요.

▶ 주문하십시오.

▶ 이쪽으로 앉으세요.

▶ 이쪽을 보아 주십시오.

▶ 이런 색상은 어떠세요?

▶ 이 과자 좀 더 있나요?

▶ 이 모양으로 좀 더 큰 것은 없습니까?

▶ 이 소포를 오가와 씨 댁으로 우송해 주세요.

▶ 이 일은 저에게 시켜 주십시오.

▶ 이 볼펜 써도 됩니까?

▶ 이 자원 봉사 일, 야마다 씨도 해 보지 않겠어요?

▶ 이 물은 마시지 마세요.

▶ 이 레스토랑에서는 뭐가 먹을 만한가요?

▶ 천천히 드세요. (식당) / 천천히 쉬세요. (호텔)

▶ 이거 별거 아닙니다만, 받으세요. (선물을 건넬 때)

049 □ これと同じものを探してるんですけど。

050 □ これなんかいかがですか。

051 □ これにおいしいケーキでもあったら言うことないですね。

052 □ 今月の研究会に参加しませんか。

053 □ 今週の土曜日にドライブしませんか。

054 □ 今度の件は渡辺さんに処理してもらいました。

055 □ さあ、どうぞ、お入りください。

056 □ 3時の約束ですから、15分前までには必ずきてください。

057 □ 3千円、ご確認ください。

058 □ 残念ですが、事情が事情なのでやむをえませんね。

059 □ 次回ですが、いつ来られますか。

060 □ 市では図書館をもっと利用して欲しいと呼びかけています。

061 □ じゃ、そろそろ出発しましょうか。

062 □ 辞書は貸し出しができないので、館内でご利用ください。

063 □ じゃ、1日だけでもいいかどうか、電話で聞いてみる(?)。

064 □ 社長によろしくとのことでした。

- 이것과 똑같은 것을 찾고 있는데요.

- 이런 건 어떠세요?

- 여기다가 맛있는 케이크라도 있다면 더할 나위 없겠네요.

- 이번달 연구회에 참가하지 않을래요?

- 이번 주 토요일에 드라이브하지 않을래요?

- 이번 건은 와타나베 씨에게 처리해달라고 했습니다.

- 자, 어서 들어오세요.

- 3시 약속이니까 15분 전까지는 꼭 와 주세요.

- 3천 엔, 확인해 주십시오.

- 유감이지만, 사정이 사정인지라 어쩔 수가 없네요.

- 다음 번 말입니다만, 언제 오실 수 있습니까?

- 시에서는 도서관을 좀 더 이용해 주기를 호소하고 있습니다.

- 자, 슬슬 출발할까요?

- 사전은 대출이 안 되므로 관내에서 이용하십시오.

- 그럼, 하루만이라도 괜찮은지, 전화로 물어볼래?

- 사장님께 안부 전해달라고 했습니다.

065 □ ジュースを買ってきてくれない(?)。

066 □ 授業中は私語は止めてください。

067 □ 少々お待ちくださいませ。

068 □ 少々お待ちください。

069 □ 商品が到着してから代金を振り込んでもいいですか。

070 □ 少し寒いから、窓を閉めてくださいませんか。

071 □ すみません、アンケートよろしいですか。

072 □ すみません、これの使い方を教えてもらえますか。

073 □ すみませんが、具体的な例を挙げてくださいませんか。

074 □ すみません、シャッターをおしてもらえますか。

075 □ 正座していると足がしびれますよ。どうぞ、足を崩してください。

076 □ 政府はその問題について速やかに手を打つべきですよ。

077 □ 接客業意外のパートの仕事を探しているんですが。

078 □ 千円札に両替してください。

079 □ 千円札に崩してもらえますか。

080 □ そのオーケストラの演奏を聞いたことがありますか。

▶ 주스를 좀 사오지 않을래?

▶ 수업 중에 잡담은 하지 마세요.

▶ 잠시만 기다려 주십시오.

▶ 잠시만 기다려 주십시오.

▶ 상품이 도착한 후에 대금을 입금해도 될까요?

▶ 좀 추우니까 창문을 닫아 주시겠습니까?

▶ 죄송하지만, 앙케이트 부탁 드려도 되겠습니까?

▶ 저기요, 이거 사용법 좀 가르쳐 주실래요?

▶ 죄송하지만, 구체적인 예를 들어주시지 않겠습니까?

▶ 죄송하지만, 셔터 좀 눌러 주시겠습니까?

▶ 정좌하고 있으면 다리가 저립니다. 어서 편히 앉으세요.

▶ 정부는 그 문제에 대해 신속히 손을 써야 합니다.

▶ 접객업 이외의 시간제 일을 찾고 있는데요.

▶ 천 엔짜리로 바꿔 주세요.

▶ 천 엔짜리로 바꿔 주시겠습니까?

▶ 그 오케스트라의 연주를 들은 적이 있습니까?

081 □ その荷物重そうですから、お持ちしましょうか。

082 □ ソフトのお会計は１階のレジでお願いいたします。

083 □ それでは、またのちほどお電話いたします。

084 □ それなら、あの本を貸してください。

085 □ そんなにかしこまらないで足を崩してください。

086 □ 大事な用件があったら知らせてください。

087 □ タクシーのスピードをちょっと落としてもらいたいですね。

088 □ 丈を詰めていただけますか。

089 □ 食べるだけ食べてみてください。

090 □ ちょっと貸してもらってもいい(?)。

091 □ ちょっと聞き取れません。もう少しゆっくり話してください。

092 □ 妻にせがまれて車を買うことにしました。

093 □ できればドル建てでお願いします。

094 □ では、お帰りになりましたら、お電話をくださるようにお伝えください。

095 □ では、折り返しお電話くださるよう、お伝えください。

096 □ では、折り返しお電話をいただきたいんですが。

▶ 그 짐, 무거워 보이는데 들어 드릴까요?

▶ 소프트웨어 계산은 1층 계산대에서 해 주세요.

▶ 그럼, 나중에 다시 전화 드리겠습니다.

▶ 그렇다면 저 책을 빌려 주세요.

▶ 그렇게 어려워하지 말고 편히 앉으세요.

▶ 중요한 용건이 있으면 알려 주세요.

▶ 택시 속력을 좀 줄여 주었으면 해요.

▶ 기장을 줄여 주시겠어요?

▶ 일단 먹기나 해 보세요. (상대방이 먹기를 꺼려할 때)

▶ 좀 빌려줄 수 있어?

▶ 잘 알아들을 수가 없네요. 좀 더 천천히 말해 주세요.

▶ 아내가 졸라대는 바람에 차를 사기로 했습니다.

▶ 가능하면 달러 결제로 부탁합니다.

▶ 그럼, 돌아오시면 전화 주시라고 전해 주세요.

▶ 그럼, 바로 전화 주시라고 전해 주세요.

▶ 그럼, 바로 전화를 해 주셨으면 합니다만.

097	では、こちらの商品はいかがですか。
098	では、伝言をお願いします。
099	電話があったとお伝えくださいませんか。
100	電話が遠いですね。もっと大きい声でお願いします。
101	電話番号を書かなければなりませんか。
102	ということは、明日の会議で報告をする代わりの人を探さなければならないということですね。
103	どうしてこの候補者を応援しているんですか。
104	どうぞ、お使いください。
105	どうぞ、お茶を召し上がってください。
106	どうぞ、ご自由にお持ちください。
107	どうぞ、ごゆっくりご覧ください。
108	どのくらいの大きさのをお探しですか。
109	なかなか腕が上がらないんですよ。
110	納豆を食べたことがありますか。
111	何でも、食べたいものご馳走します。
112	日本ではまだ運転したことがないんです。

▶ 그럼, 이 상품은 어떠세요?

▶ 그럼, 말씀 좀 전해 주세요.

▶ 전화 왔었다고 전해 주시겠습니까?

▶ 전화가 감이 멀어요. 좀 더 큰소리로 말해 주세요.

▶ 전화번호를 쓰지 않으면 안 됩니까?

▶ 그것은 다시 말해, 내일 회의에서 보고할 다른 사람을 찾아야 한다는 말이군요.

▶ 왜 이 후보를 응원하고 있습니까?

▶ 어서 사용하세요.

▶ 자, 차를 드세요.

▶ 그냥 가져가십시오.

▶ 그럼 천천히 보십시오.

▶ 어느 정도 크기를 찾으십니까?

▶ 좀처럼 실력이 늘지 않아요.

▶ 낫또를 먹어 본 적이 있습니까?

▶ 무엇이든지 먹고 싶은 것을 대접하겠습니다.

▶ 일본에서는 아직 운전해 본 적이 없어요.

113 □ 必要なものがございましたら、お申し付けください。

114 □ 別々に包装してください。

115 □ 返品したいんですけど。

116 □ 報告書はいつまでに作ったらよろしいでしょうか。

117 □ また、後でおかけしますので。

118 □ まちがいを二度とくり返さないように肝に銘じるべきですよ。

119 □ もう少しゆっくり話してください。

120 □ もうちょっと安くなりませんか。

121 □ もっとゆっくりお話しいただけませんか。

122 □ 山田さんは本場のパイナップルを食べたことがありますか。

123 □ 山積みの問題を片付けなければならない。

124 □ ヨットに乗ったことがありますか。

125 □ 喜んで伺います。

▶ 필요한 것이 있으시면 말씀해 주십시오.

▶ 따로 따로 포장해 주세요.

▶ 반품하고 싶은데요.

▶ 보고서는 언제까지 만들면 좋을까요?

▶ 나중에 다시 전화 드릴게요.

▶ 실수를 두 번 다시 반복하지 않도록 명심해야 합니다.

▶ 좀 더 천천히 말해 주세요.

▶ 좀 더 싸게 안 돼요?

▶ 좀 더 천천히 말씀해 주시겠어요?

▶ 야마다 씨는 본고장의 파인애플을 먹어 본 적이 있습니까?

▶ 산적한 문제를 정리하지 않으면 안 된다.

▶ 요트를 탄 적이 있습니까?

▶ 기꺼이 찾아 뵙겠습니다.

STEP 3

판단, 확인, 의문

001 □ あ～、お腹すいた。ね、なんか食べに行かない(?)。

002 □ 明るいうちに着きますか。

003 □ 朝からずっと働いたので、もうくたくたです。

004 □ あしたの朝食、何がいいですか。

005 □ あしたは返せると思います。

006 □ 明日の試合は中止ですよ。お宅に連絡が行きませんでしたか。

007 □ あと一歩で崖から落ちるところだったよ。

008 □ あなたでなければ出来ない仕事です。

009 □ あの人、ご存知ですか。

010 □ あの人は気が短いそうですね。

011 □ あの人の方がどう考えても悪いのに、どうして肩を持つんですか。

012 □ 雨が降りそうだから傘を持っていきなさい。

013 □ あらかじめ現地を調査しておくのが得策かと思いますが。

▶ 아 배고파. 뭐 좀 먹으러 안 갈래?

▶ 어둡기 전에 도착할까요?

▶ 아침부터 쭉 일을 했기 때문에, 이미 녹초가 됐습니다.

▶ 내일 아침 식사, 뭐가 좋습니까?

▶ 내일은 돌려 드릴 수 있을 것 같습니다.

▶ 내일 시합은 중지입니다. 댁에 연락이 안 갔습니까?

▶ 한 걸음 차이로 벼랑에서 떨어질 뻔 했어.

▶ 당신이 아니면 불가능한 일입니다.

▶ 저 사람, 아세요?

▶ 저 사람은 성질이 급하다면서요?

▶ 저 사람 쪽이 아무리 생각해도 잘못했는데, 어째서 편을 드는 겁니까?

▶ 비가 올 것 같으니, 우산을 갖고 가거라.

▶ 미리 현지를 조사해 두는 것이 좋겠습니다만.

014 □ あれ、池田さん、お出掛けですか。

015 □ いつもにこにこして、感じがいい人ですよ。

016 □ 医者を呼ばなくてもいいですか。

017 □ いつ日本へお帰りですか。

018 □ 今村さん、この見積計算ミスが多すぎるよ。

019 □ いらっしゃいませ。何名様ですか。

020 □ 大きい地震が起きたら、どうすればいいのでしょうか。

021 □ 大通りを右に行くと左手にスーパーがありますよ。

022 □ お勘定お願いします。カードも利くでしょう。

023 □ お客様、クーポンはお集めですか。

024 □ お探しのものは何でしょうか。

025 □ お時間の方は大丈夫ですか。

026 □ お支払いはどうなさいますか。

027 □ お好きな日本料理は何ですか。

028 □ お住まいはどちらですか。

029 □ お宅から会社までどのくらいですか。

030 □ お使いに行くんですか。

▶ 어! 이케다 씨, 어디 가세요?

▶ 언제나 싱글벙글하며, 느낌이 좋은 사람입니다.

▶ 의사를 부르지 않아도 됩니까?

▶ 언제 일본으로 돌아가세요?

▶ 이마무라 씨, 이 견적서 계산, 실수가 너무 많아.

▶ 어서 오십시오. 몇 분이십니까?

▶ 큰 지진이 일어나면, 어떻게 하면 될까요?

▶ 큰길을 오른쪽으로 가면 왼쪽에 슈퍼가 있습니다.

▶ 얼마입니까? 카드도 되죠?

▶ 손님, 쿠폰 모으십니까?

▶ 무엇을 찾으십니까?

▶ 시간은 괜찮습니까?

▶ 어떻게 지불하실 건가요?

▶ 좋아하는 일본요리는 무엇입니까?

▶ 사시는 곳은 어디십니까?

▶ 댁에서 회사까지 어느 정도입니까?

▶ 심부름 갑니까?

031 □ お父さんはお元気ですか。

032 □ 落し物センターはどこですか。

033 □ お届け時間の指定ができますが、何時ごろがよろしいですか。

034 □ お兄さんは何をしていらっしゃいますか。

035 □ お姉さんがいらっしゃるんですか。

036 □ お願いしてた原稿は締め切りまでに終わりそうですか。

037 □ 帰りに一杯どうですか。

038 □ 課長とまだ連絡取れないの(?)。

039 □ 課長には手ぶらでって言われたんだけど、本当に手ぶらでいいのかな。

040 □ 課長、見えてますか。

041 □ 彼女はいつも手際よく仕事をしますね。

042 □ 彼とはしばらく会っていません。

043 □ 彼の家なら、この角を曲がって右側の二軒目です。

044 □ 彼の出世はまったく親の七光だね。

045 □ 彼は時間にだらしなくて困ったものだ。

046 □ 彼は、外回りで今日はそのまま帰宅予定なんですが。

▶ 아버님께서는 건강하세요?

▶ 유실물 센터는 어디입니까?

▶ 배달 시간 지정이 가능합니다만, 몇 시쯤이 좋겠습니까?

▶ 형님은 어떻게 지내고 계세요?

▶ 누나가 계십니까?

▶ 부탁 드렸던 원고는 마감까지 끝날 것 같습니까?

▶ 퇴근길에 한잔 어때요?

▶ 과장님과 아직 연락이 안 돼?

▶ 과장님께서는 빈손으로 오라고 말씀하셨지만, 정말 빈손으로 가도 되는 걸까?

▶ 과장님, 오셨어요?

▶ 그녀는 언제나 깔끔하게 일을 하는군요.

▶ 그와는 얼마 동안 만나지 못했습니다.

▶ 그의 집이라면, 이 모퉁이를 돌아 오른쪽 두 번째 집이에요.

▶ 그의 출세는 그야말로 부모 잘 만난 덕이야.

▶ 그는 시간관념이 철저하지 못해서 곤란해.

▶ 그는, 외근이라 오늘은 바로 귀가할 예정인데요.

047 □ 彼一人じゃ無理ですよ。

048 □ ガンで手術なさったんだそうですね。

049 □ きっと売れると思います。

050 □ 昨日はどこかへお出掛けでしたか。

051 □ 急用はもう済んだんですか。

052 □ 今日決めなくてもかまいませんか。

053 □ 今日の新聞見ましたか。

054 □ 今日の日替わり定食は何ですか。

055 □ 空港までバスで行きますか。

056 □ クーラーでもつけましょうか。

057 □ 果物は何がお好きですか。

058 □ 契約を白紙に戻すよりしかたがないですね。

059 □ 今朝の新聞に何か面白い記事がありますか。

060 □ けっこう重いんですね。

061 □ 健康のために何かやっていますか。

062 □ コーヒー、お替わりいかがですか。

063 □ ご家族は何人ですか。

▶ 그 사람 혼자서는 무리입니다.

▶ 암으로 수술하셨다면서요?

▶ 반드시 팔릴 거라고 생각합니다.

▶ 어제는 어디 외출하셨어요?

▶ 급한 볼일은 끝났습니까?

▶ 오늘 결정하지 않아도 괜찮습니까?

▶ 오늘 신문 보았습니까?

▶ 오늘의 정식은 뭐죠?

▶ 공항까지 버스로 갑니까?

▶ 에어컨이라도 켤까요?

▶ 과일은 무엇을 좋아하십니까?

▶ 계약을 백지로 돌릴 수밖에 방법이 없군요.

▶ 오늘 신문에 뭐 재미있는 기사라도 있습니까?

▶ 꽤 무겁네요.

▶ 건강을 위해 뭔가 하고 있습니까?

▶ 커피, 한 잔 더 어떻습니까?

▶ 가족은 몇 명이에요?

064 □ ここでたばこを吸ってもいいかな(?)。

065 □ ここで待たせていただいてもかまいませんか。

066 □ ここにしみがあるんですけど。

067 □ ご自宅はどの辺りにございますか。

068 □ こちら、お下げしてもよろしいでしょうか。

069 □ 今年の夏は例年になく涼しいですね。

070 □ ご年齢はどのくらいですか。

071 □ この靴はちょっときついですね。

072 □ このごろ運動不足でふとってしまいましたよ。

073 □ この席空いていますか。

074 □ この柄で色ちがいはありませんか。

075 □ このソファー、すごく座り心地がいいと思わない(?)。

076 □ この近くに銀行はありますか。

077 □ この箱の中身は何ですか。

078 □ この箱を振ってみるとカタカタいってるけれど何が入っているのですか。

079 □ この辺にコンビニはありませんか。

▶ 여기서 담배를 피워도 되나?

▶ 여기에서 기다려도 괜찮을까요?

▶ 여기에 얼룩이 있는데요.

▶ 자택은 어디쯤에 있습니까?

▶ 이쪽, 치워도 괜찮을까요?

▶ 올 여름은 예년에 없이 시원하군요.

▶ 나이가 어떻게 되세요?

▶ 이 구두는 좀 끼는데요.

▶ 요즘 운동부족으로 살이 쪘어요.

▶ 이 자리 비어 있습니까?

▶ 이 무늬로 다른 색은 없나요?

▶ 이 소파 앉은 느낌이 굉장히 좋지 않아?

▶ 이 근처에 은행이 있습니까?

▶ 이 상자의 내용물이 무엇입니까?

▶ 이 상자를 흔들어보면 달그락달그락 소리가 나는데 뭐가 들어 있습니까?

▶ 이 근처에 편의점은 없나요?

080 □ この前引っ越したそうですが、今度のアパートはどうですか。

081 □ この町は物価が安くてとても住みやすいんです。

082 □ この問題は私の手には余ります。この大役は辞退させてください。

083 □ 今年の冬はほんとうに寒かったですね。

084 □ これ、いくらですか。

085 □ これはどれぐらい持ちますか。

086 □ これはいかがですか。

087 □ これは何に使いますか。

088 □ 今度、営業部に来た木村部長、かなり頭が切れるらしいよ。

089 □ こんなぺらぺらの上着じゃ、寒くて風邪をひくよ。

090 □ 最近山田さんに会いましたか。

091 □ サッカーの対抗試合、たしか十日の土曜日だったよね。

092 □ 失礼ですが、おいくつですか。

093 □ ジャンボジェット機にはじめてご搭乗になった感想はいかがでしたか。

094 □ 賞味期限はいつまでですか。

▶ 요전에 이사했다고 들었는데, 이번 아파트는 어때요?

▶ 이 지역은 물가가 싸서 매우 살기 편합니다.

▶ 이 문제는 제게는 힘에 부칩니다. 이 막중한 역할은 사양하겠어요.

▶ 금년 겨울은 정말 추웠어요.

▶ 이거 얼마입니까?

▶ 이건 얼마나 가요? (음식)

▶ 이것은 어떻습니까?

▶ 이건 어디에 쓰나요?

▶ 이번에 영업부로 온 기무라 과장, 상당히 두뇌가 명석한 모양이야.

▶ 이렇게 얇은 상의로는, 추워서 감기에 걸려.

▶ 최근에 야마다 씨를 만났습니까?

▶ 축구 대항 시합, 분명히 10일 토요일이었지?

▶ 실례지만, 나이가 어떻게 되세요?

▶ 점보제트기를 처음 탑승하신 느낌이 어떠셨습니까?

▶ 유통기한은 언제까지인가요? (음식)

095 □ 新製品の評判はどうですか。

096 □ すごいゴミだな。分別するのに大変そうだよ。

097 □ ずっと忙しかったので、週末はうちにいようと思います。

098 □ 先生は今週の日曜はご自宅にいらっしゃいますか。

099 □ そういうこともあるよ。弘法にも筆の誤りって言うしね。

100 □ そうですか、4人兄弟の末っ子ですか。

101 □ 総務課からきた書類、どこにあるか知っている(?)。

102 □ 素材が合成繊維なので、薄くて、ウールのようにごわごわしないんです。

103 □ その方はどちらからいらっしゃいましたか。

104 □ その本どう、おもしろいですか。

105 □ それで朝晩涼しくなったんですね。

106 □ それは大変ですね。で、いつ行くんですか。

107 □ そんなよれよれのジーンズ、汚いから、もう捨てなさい。

108 □ タクシーの運転手さんが遠回りするから、いつもの倍の料金をとられちゃった。

109 □ 田中さんってどの人ですか。

110 □ だれに日本語を教えてもらったんですか。

▶ 신제품의 평판은 어떻습니까?

▶ 엄청난 쓰레기네. 분리하려면 고생할 것 같아.

▶ 줄곧 바빴기 때문에 주말엔 집에 있으려고 해요.

▶ 선생님은 이번 주 일요일은 자택에 계십니까?

▶ 그럴 때도 있는 거지. 원숭이도 나무에서 떨어질 때가 있다고 하잖아.

▶ 그래요? 4형제 중 막내세요?

▶ 총무과에서 온 서류 어디에 있는지 알아?

▶ 소재가 합성 섬유이므로, 얇고 울처럼 뻣뻣하지 않습니다.

▶ 그 분은 어디에서 왔습니까?

▶ 그 책 어때요. 재미있습니까?

▶ 그래서 아침저녁 서늘해진 거군요.

▶ 그거 힘들겠군요. 그런데, 언제 갑니까?

▶ 그런 낡고 구깃구깃한 청바지, 지저분하니까, 이제 버리거라.

▶ 택시 운전기사가 멀리 돌아서, 평소보다 배가 되는 요금을 냈어.

▶ 다나카 씨는 어느 분입니까?

▶ 누구한테 일본어를 배웠습니까?

111 □ テストの時は肩の力を抜いたほうがうまくいくんだよ。

112 □ 電話番号をご存知ですか。

113 □ どうかなさいましたか。

114 □ 東京へはいつお出でになりましたか。

115 □ 東京へはいつお出でになりますか。

116 □ 東京へは何で行きますか。

117 □ どうしたんですか。顔色がよくありませんよ。

118 □ どうしたんですか。具合が悪いんですか。

119 □ どうして転職するんですか。

120 □ どうしましたか。顔色が悪いですよ。

121 □ どちらからお出でですか。

122 □ とてもよくお似合いです。

123 □ どなたがお召しになるんですか。

124 □ どなたがお使いになるんですか。

125 □ どんな色がお好みですか。

126 □ どんなご用でいらっしゃったんですか。

127 □ なかなかボリュームのあるランチでしたね。

▶ 시험을 볼 때는 어깨의 힘을 빼는 편이 잘 되는 거야.

▶ 전화번호를 아십니까?

▶ 무슨 일 있었어요?

▶ 도쿄에는 언제 오셨습니까?

▶ 도쿄에는 언제 가십니까?

▶ 도쿄에는 무엇으로 갑니까?

▶ 무슨 일 있어요? 안색이 안 좋아요.

▶ 왜 그러세요? 몸이 안 좋습니까?

▶ 왜 전직을 합니까?

▶ 무슨 일입니까? 안색이 안 좋군요.

▶ 어디에서 오셨습니까?

▶ 아주 잘 어울리십니다.

▶ 어느 분이 입습니까?

▶ 어느 분이 쓰실 건가요?

▶ 어떤 색을 좋아하세요?

▶ 무슨 일로 오셨어요?

▶ 상당히 양이 많은 점심이었습니다.

128 □ 何か用かね。

129 □ なるべく早い時期に検討したいと思います。

130 □ 日本の民芸品はずいぶんと手が込んでいますね。

131 □ 入学祝いはどんなものがいいでしょうか。

132 □ 庭といっても、猫の額ほどですよ。

133 □ 庭といっても猫の額のようなもんですよ。

134 □ 熱が下がりましたね。ご気分はいかがですか。

135 □ 喉が痛いときはどうしますか。

136 □ はい、かしこまりました。お届けはいつでもかまいませんか。

137 □ はじめて会ったときから、虫が好かない人だと思っていました。

138 □ 引き受けるか断るかはっきりしなさい。

139 □ 人の考えは、十人十色ですからね。

140 □ 不景気の煽りを受けて、首を切られちゃいました。

141 □ 部長はどういうお考えでしょうか。

142 □ 分割払いになさいますか。

143 □ ボーナスが出るのはいつでしたっけ。

- ▶ 내게 무슨 볼일 있나?

- ▶ 가능한 한 빠른 시기에 검토해 보겠습니다.

- ▶ 일본의 민예품은 꽤나 정교하게 세공되어 있네요.

- ▶ 입학 축하선물은 어떤 것이 좋을까요?

- ▶ 정원이라고 해도 손바닥만 합니다.

- ▶ 정원이라고 해도 손바닥만 합니다.

- ▶ 열이 내려갔군요. 기분은 좀 어떠세요?

- ▶ 목이 아플 때는 어떻게 합니까?

- ▶ 네, 알겠습니다. 배달은 언제라도 상관없습니까?

- ▶ 처음 만났을 때부터 왠지 밉살스러운 사람이라는 느낌이 들었어요.

- ▶ 받아들일지 거절할지 분명히 하세요.

- ▶ 사람의 생각은 가지각색이니까요.

- ▶ 불경기의 여파로 해고되어 버렸습니다.

- ▶ 부장님은 어떤 생각일까요?

- ▶ 할부로 하시겠습니까?

- ▶ 보너스가 나오는 게 언제였던가요?

144 □ ボールペンを使ってはいけませんか。

145 □ 他にお手伝いできることはございますか。

146 □ まだいいじゃありませんか。もっとゆっくりしていってください。

147 □ また残業ですか。昼間だらだらしているから、残業になるんですよ。

148 □ みんなが集まるので、パーティーはきっと楽しいだろうと思いますよ。

149 □ 面接はうまくいきましたか。

150 □ もう借金だらけで首が回らないよ。

151 □ もっと楽だと思っていました。

152 □ 最寄の駅まで時間はどのぐらいかかりますか。

153 □ 問題がなくはないんです。

154 □ 山田さんから連絡が入っていませんか。

155 □ 山田さん、入院なさったんですって。

156 □ 山田さんはゴミのリサイクルについてどう思いますか。

157 □ 山登りはよくなさいますか。

▶ 볼펜을 사용하면 안 됩니까?

▶ 다른 도와드릴 일이 있습니까?

▶ 아직 괜찮잖아요? 좀 더 천천히 있다 가세요.

▶ 또 잔업입니까? 낮에 질질 끌기 때문에 잔업을 하게 되는 거예요.

▶ 모두 모이니까, 파티는 틀림없이 재미있을 거예요.

▶ 면접은 잘 보았습니까?

▶ 이젠 빚 투성이여서 옴짝달싹 못하게 됐어.

▶ 좀 더 쉬울 거라고 생각했습니다.

▶ 가장 가까운 역까지 시간은 얼마나 걸립니까?

▶ 문제가 없는 것은 아닙니다.

▶ 야마다 씨에게서 연락이 오지 않았습니까?

▶ 야마다 씨, 입원하셨다면서요?

▶ 야마다 씨는 쓰레기 재활용에 대하여 어떻게 생각합니까?

▶ 등산은 자주 하십니까?

158 □ 夕べは久しぶりにぐっすり寝たので、今日はとても元気です。

159 □ 吉田さんの会社も週休二日ですか。

160 □ 来年には完成すると思います。

161 □ 旅行先から送ったお土産、受け取りましたか。

162 □ 旅行の行き先はもう決まりましたか。

163 □ 私円山産業の山本と申しますが、木村次長はおられますか。

▶ 어젯밤은 오랜만에 충분히 자서, 오늘은 매우 기운이 납니다.

▶ 요시다 씨 회사도 주 5일제입니까?

▶ 내년에는 완성되리라 생각합니다.

▶ 여행지에서 보낸 선물, 받았습니까?

▶ 여행 갈 곳은 이제 정해졌습니까?

▶ 저, 마루야마산업의 야마모토라고 합니다만, 기무라 차장님 계십니까?

STEP 4

충고, 권유

001 □ 明日、早朝会議があるんですよ。

002 □ 明日父が参りますが、お会いになってくださいませんか。

003 □ あとでコーヒーでも飲みませんか。

004 □ 後のことは僕に任せてゆっくり休んだらいいですよ。

005 □ あのがけに近づくなと、口を酸っぱく注意したじゃありませんか。

006 □ アパートは、どんな間取りをご希望ですか。

007 □ あんな怖い映画見なきゃよかったよ。

008 □ 急がないと間に合いませんよ。

009 □ 一応書いたんですが、まだ少し手を加える必要があります。

010 □ 一日、二三回、この薬を痛いところに塗ってください。

011 □ いつまでも考え込んでいないでどんどん仕事をしてくださいよ。

012 □ いつも甘えてばかりで申し訳ありません。

013 □ 今までのことは、すべて水に流しましょう。

▶ 내일 아침 일찍 회의가 있습니다.

▶ 내일 아버지가 오시는데, 만나주시지 않겠습니까?

▶ 나중에 커피라도 마시지 않겠습니까?

▶ 뒷일은 나한테 맡기고 푹 쉬는 게 좋아요.

▶ 저 벼랑으로 가까이 가지마 하고 몇 번이나 주의를 주지 않았습니까?

▶ 아파트는 어떤 방 배치를 원하십니까?

▶ 그런 무서운 영화 안 보는 게 나았어.

▶ 서두르지 않으면 제 시간에 못 대요.

▶ 일단 썼습니다만, 아직 약간 손을 볼 필요가 있습니다.

▶ 하루에 2, 3번 이 약을 아픈 곳에 바르세요.

▶ 언제까지 걱정만 하지 말고 빨리빨리(척척) 일을 진행해 주세요.

▶ 항상 신세만 져서 죄송합니다.

▶ 지금까지의 일은 모두 잊어버립시다.

014 □ いろいろありがとうございました。ほんとうに助かりました。

015 □ 家で作ったクッキーです。よろしかったらどうぞ。

016 □ うちの課長は面倒見のいい人です。

017 □ 海は、太陽がぎらぎら眩しいから、サングラスを持って行ったほうがいいですよ。

018 □ 課長にあんな失礼なこと言っちゃだめだよ。

019 □ 勝手を言って申し訳ございません。

020 □ 彼には会うまでもありません。

021 □ 危険物は持ち込まないでください。

022 □ 休暇が欲しいなら、まえもって言ってください。

023 □ 空港へ行くとき、何で行ったらいいですか。

024 □ 靴は脱がないほうがいいです。

025 □ クーラーを消しましょうか。

026 □ 車は渋滞するから電車で行ったほうがいいですよ。

027 □ 怪我人が多く出て、背に腹は変えられないから、コンサートは中止しよう。

▶ 여러 가지로 고마웠습니다. 정말 도움이 됐습니다.

▶ 집에서 만든 쿠키입니다. 괜찮으시면 드세요.

▶ 우리 과장님은 자상한 사람입니다.

▶ 바다는 태양이 쨍쨍 눈부시니까, 선글라스를 가지고 가는 게 좋아요.

▶ 과장님에게 그런 실례되는 말을 하면 못써.

▶ 무리한 말을 해서 죄송합니다.

▶ 그는 만날 것까지도 없습니다.

▶ 위험물은 가지고 들어오지 마십시오.

▶ 휴가가 필요하면, 미리 말해 주세요.

▶ 공항에 갈 때 무엇으로 가면 좋을까요?

▶ 구두는 벗지 않는 편이 좋아요.

▶ 에어컨을 끌까요?

▶ 자동차는 밀리니까 전철로 가는 편이 좋을 거예요.

▶ 부상자가 많이 나와서 딴 일에 신경 쓸 겨를이 없으니, 콘서트는 중지하자.

028 □ 今朝は道が氷っていてつるつるですから気をつけていってください。

029 □ 健康診断を受けてみたらどうですか。

030 □ ここでたばこを吸わないでください。

031 □ ここで一服してもいいですか。

032 □ 午後8時までの営業となっております。

033 □ こちらから折り返しお電話いたしましょうか。

034 □ 国家レベルの外交だけじゃなく、民間レベルの外交も重要ですよ。

035 □ この辺りでちょっと一息入れませんか。

036 □ この件ではお宅の方に問題があるのではないかと思うんですが。

037 □ このデザインは飽きがこないから、長くお使いになれますよ。

038 □ このDVDのレンタル期間は、何日ですか。

039 □ この辺は夜うろうろしないほうがいいですよ。危ないですから。

040 □ 困っている彼のために、ここは一肌脱ぎましょう。

041 □ ゴミを捨てないでください。

▶ 오늘 아침은 길이 얼어서 미끌미끌하니까 조심해서 가세요.

▶ 건강진단을 받아보는 게 어떨까요?

▶ 여기서 담배를 피우지 마세요.

▶ 여기서 담배를 피워도 됩니까?

▶ 오후 8시까지 영업합니다.

▶ 이쪽에서 바로 전화를 드릴까요?

▶ 국가 레벨의 외교뿐만 아니라, 민간 레벨의 외교도 중요합니다.

▶ 이쯤에서 잠시 쉴까요?

▶ 이 건은 댁 쪽에 잘못이 있는 게 아닌가 생각합니다만.

▶ 이 디자인은 싫증이 나지 않아, 오래 사용하실 수 있어요.

▶ 이 DVD의 대여기간은 며칠입니까?

▶ 이 주변은 밤에 돌아다니지 않는 것이 좋아요. 위험하니까.

▶ 어려움을 겪고 있는 그를 위하여, 이번에 발 벗고 나섭시다.

▶ 쓰레기를 버리지 마세요.

042 □ ご用がございましたらお申し付けください。

043 □ ご覧になったほうがいいんじゃないかと思いますが。

044 □ これは謝って済む問題じゃありません。

045 □ 今度夕食でもごちそうしたらどうですか。

046 □ 今夜一杯どうですか。

047 □ 歳末、助け合い運動にご協力ください。

048 □ 昨夜のパーティー、行かなければよかった。

049 □ さしあたり必要なものは揃っているので、大丈夫です。

050 □ さっきから何も食べないじゃないですか。

051 □ 試合に負け、今さら地団駄を踏んで悔しがってもしょうがないですね。

052 □ 試験の結果はあした発表されます。

053 □ 地震が起きたら、何をおいてもまず火を消してください。

054 □ 自分の弱点を押えて潰していけばいいんだよ。

055 □ 住民の要望を入れて税金を使ってほしいですよ。

056 □ 真空パックは空気が入っていないので食品を長く保存できますよ。

057 □ スーパーの前に大勢人がいますね。

- 용건이 있으시면 말씀해 주십시오.

- 보시는 것이 좋지 않을까 생각합니다만.

- 이것은 사과해서 해결될 문제가 아닙니다.

- 다음에 저녁이라도 대접하면 어떨까요?

- 오늘 밤, 한잔 어때요?

- 연말 이웃 돕기 모금 운동에 협조해 주시기 바랍니다.

- 어젯밤의 파티는 가지 말 걸 그랬어.

- 지금 당장 필요한 것은 다 있으니, 괜찮습니다.

- 아까부터 아무 것도 먹지 않았잖습니까?

- 시합에 져서, 이제 와서 발을 동동 구르며 분해해도 소용이 없어요.

- 시험 결과는 내일 발표됩니다.

- 지진이 나면 반드시 먼저 불을 꺼 주세요.

- 자신의 약점을 파악해서 고쳐 가면 되는 거예요.

- 주민의 요망을 받아들여 세금을 사용했으면 합니다.

- 진공 팩은 공기가 들어있지 않기 때문에 식품을 오래 보존할 수 있어요.

- 슈퍼 앞에 사람들이 많군요.

058 □ すばらしい作品でも、その芸術が大衆に受けるとは限らないよ。

059 □ 外が明るいうちに帰ってきなさいよ!

060 □ それ、ちょっと見せてもらってもいい(?)。

061 □ それより一回り小さいものなら、なくもないんですが。

062 □ そんなことで弱音を吐くなよ。

063 □ そんなに大きい声をだしちゃいけませんよ。

064 □ そんなに会社に不満を抱いているのなら、こんど課長に洗いざらい話してみたら、いかがですか。

065 □ そんな目にあったら、だれでもそうなるよ。

066 □ 強いと言っても田中さんほどではありません。

067 □ でしたら、一泊するより日帰りしたほうがいいんじゃないでしょうか。

068 □ どうしたんですか。あまり食べないじゃないですか。

069 □ どうしてそのような結果になったのかをよく分析してください。

070 □ どうしてまだ帰らないんですか。

071 □ どうせ汚れるのにどうして掃除なんかするの。

▶ 훌륭한 작품일지라도, 그 예술이 대중에게 인기를 얻는다고는 할 수 없어.

▶ 밖이 환할 때 돌아오거라!

▶ 그것 좀 봐도 돼?

▶ 그것보다 한 단계 작은 것이라면 없지도 않습니다만.

▶ 그만한 일로 마음 약한 소리 하지 마.

▶ 그렇게 큰 소리를 내면 안 돼요.

▶ 그렇게 회사에 불만을 품고 있다면, 이번에 과장님한테 모조리 얘기해 보는 게 어떻습니까?

▶ 그런 경우를 당하면 누구라도 그럴 거야.

▶ 세다고는 해도 다나카 씨 만큼은 아닙니다.

▶ 그렇다면 하루 묵는 것보다 당일치기를 하는 편이 좋지 않을까요?

▶ 왜 그러세요? 너무 안 먹는 거 아니에요?

▶ 어떻게 그런 결과가 되었는지를 잘 분석해 주세요.

▶ 어째서 아직 돌아가지 않았습니까?

▶ 어차피 더러워질 텐데 청소를 뭐 하려고 하는 거야?

072 □ どうぞ、足を崩してお楽になさってください。

073 □ 中村さん、宝くじなんてもともとそういうもんですよ。

074 □ 夏場は足が早いから、生物は注意してください。

075 □ 何かお気づきの点がございましたら、いつでもご連絡ください。

076 □ 何もございませんが、どうぞ召し上がってください。

077 □ 2時なら大丈夫ですよ。

078 □ 濡れたときは、乾いた布で水気をお取りください。

079 □ 早くしないと乗り遅れちゃうよ。

080 □ 話が長引きそうなんですが、よろしかったらご伝言を承りましょうか。

081 □ 久しぶりに一緒に食事しませんか。

082 □ 部長に単刀直入に質問してみたらどうですか。

083 □ 部長の前ではあまり大きな口を利かない方がいいよ。

084 □ 保証期間は六ヶ月でございます。

085 □ 本当は2日行ったほうがいいんだろうけどねえ。

086 □ 前もって連絡してくれないとこまりますよ。

▶ 자, 편히 앉으세요.

▶ 나카무라 씨, 복권은 원래 다 그런 거예요.

▶ 여름철은 음식이 잘 변하니까 날 것은 주의해 주세요.

▶ 뭔가 불편한 점이 있으시면 언제든지 연락해 주십시오.

▶ 아무 것도 없지만, 부디 많이 드십시오.

▶ 두 시라면 문제없어요.

▶ 젖었을 때는 마른 천으로 물기를 제거해 주세요.

▶ 서두르지 않으면 차를 놓쳐요.

▶ 이야기가 길어질 것 같습니다만, 괜찮으시면 말씀 전해 드릴까요?

▶ 오랜만에 같이 식사하시겠습니까?

▶ 부장님에게 단도직입적으로 질문해 보면 어떨까요?

▶ 부장님 앞에서는 너무 큰소리를 치지 않는 것이 좋아.

▶ 보증 기간은 6개월입니다.

▶ 실은 이틀 가는 것이 좋겠지만.

▶ 미리 연락해 주지 않으면 곤란합니다.

087 □ 任された仕事にはもっと腰を入れてやってもらいたいんです。

088 □ 南口はどうやって行けばいいですか。

089 □ 無理な仕事を引き受けなければよかったんです。

090 □ もう一杯、いかがですか。

091 □ 申し訳ありませんが、今回のお話はなかったことにさせてください。

092 □ もう少し早めに通知してくれてもいいのに。

093 □ もごもご言わないで、もっとはっきり言いなさい。

094 □ もし体の具合が悪ければ、休んでもいいですよ。

095 □ もっと明るい色の服にしたらどうですか。

096 □ 文句ばっかりつけてないで、たまには自分で作ってみたら(?)。

097 □ やっても見ないで、端からだめだと決めつけるのは、君らしくないよ。

098 □ 夜遅くまで寝ないのはよくないです。

099 □ よろしかったら、私がお手伝いしましょうか。

▶ 맡겨진 일에는 좀 더 본격적으로 해 주었으면 합니다.

▶ 남쪽 출입구는 어떻게 가면 됩니까?

▶ 무리한 일을 맡지 않았으면 좋았을 뻔 했어요.

▶ 한잔 더 어떠세요?

▶ 죄송하지만, 이번 이야기는 없었던 것으로 해 주세요.

▶ 좀 더 일찍 통지해 주었으면 좋았을 텐데.

▶ 우물우물 말하지 말고 좀 더 분명히 말하세요.

▶ 만일 몸이 안 좋으면 쉬어도 좋아요.

▶ 좀 더 환한 색 옷으로 하면 어떨까요?

▶ 불평만 하지 말고, 가끔은 스스로 만들어 보는 게 어때?

▶ 해 보지도 않고 처음부터 안 된다고 마음먹는 것은 당신답지 않아.

▶ 밤늦게까지 자지 않는 것은 안 좋습니다.

▶ 괜찮으시면, 제가 도와드릴까요?

STEP 5

추량

001 □ 明日は冷え込みそうですね。

002 □ 明日もまた大雪がふるらしいよ。

003 □ いつも娘がお世話になり、ありがとうございます。

004 □ 今の仕事、私には合わないみたいなんです。

005 □ 噂では今月ボーナスが出るらしいです。

006 □ お子さんはもうずいぶん大きくなったでしょう。

007 □ お風呂に入って、気持ちがさっぱりしたでしょう。

008 □ お役に立てたでしょうか。

009 □ 彼女は家にいないらしいです。

010 □ 彼女は恥ずかしがり屋なので、皆の前ではちょっと難しいでしょう。

011 □ 川上さん、昨日のことまだくよくよしているようです。

012 □ 昨日のことまだくよくよしているようですよ。

013 □ 景気の低迷は当分続くかもしれないんです。

014 □ このあいだ頼んだ小包は出してくれたでしょうね。

▶ 내일은 몹시 추워질 것 같군요.

▶ 내일도 역시 많은 눈이 내릴 것 같아.

▶ 항상 저희 딸이 신세를 지고 있는데, 돌봐주셔서 감사합니다.

▶ 지금 하는 일, 나에게는 맞지 않는 것 같습니다.

▶ 소문으로는 이번 달에 보너스가 나올 것 같대요. (전문)

▶ 자제분은 이제 꽤 컸겠네요.

▶ 목욕을 해서 기분이 상쾌하죠?

▶ 도움이 되셨는지요?

▶ 그녀는 집에 없는 것 같습니다. (객관적 근거를 바탕으로 한 추측)

▶ 그녀는 부끄럼을 잘 타기 때문에 여러 사람 앞에서는 좀 어려울걸요.

▶ 가와카미 씨, 어제 일로 아직 끙끙 앓고 있는 모양이에요.

▶ 어제 일을 아직 끙끙 앓고 있는 것 같아요.

▶ 경기 침체는 당분간 계속될지도 모르겠습니다.

▶ 일전에 부탁한 소포는 보내줬지요?

015 □ この雨では桜も散ってしまうかもしれませんね。

016 □ この真珠のネックレス、本物とそっくりでしょう。

017 □ この程度の作文ならだれでも書けるでしょう。

018 □ この部屋を使うのに許可が必要なのでしょうか。

019 □ 今度の週末の天気はどうでしょうか。

020 □ 地震の被害を受けて、彼はショックを受けてるだろうね。

021 □ 週末空けておいて。たまにはどこかに行こうよ。

022 □ 週末うちでするパーティーのことですが、お酒は何がいいでしょうか。

023 □ すみません。友だちの結婚祝いなんですが。

024 □ 先週提案した例の企画、ボツになったらしい。

025 □ 外はかなり寒そうだよ。

026 □ 高橋さん、嬉しそうですね。

027 □ たぶん、そうでしょう。

028 □ 適任者はやはり、渡辺さんをおいてほかにないでしょう。

029 □ 電車に乗り遅れそうですよ。

030 □ どうしてこの商品はこんなに安いんでしょうね。

▶ 이 비가 오면 벚꽃이 저 버릴지도 모르겠군요.

▶ 이 진주 목걸이 진짜와 똑같지요?

▶ 이 정도의 작문이라면 누구라도 쓸 수 있겠지요.

▶ 이 방을 사용하는데 허가가 필요한 것일까요?

▶ 이번 주말 날씨는 어떨까요?

▶ 지진 피해를 입어, 그는 충격을 받은 것 같군.

▶ 주말 비워둬. 가끔은 어딘가에 가자고.

▶ 주말에 우리 집에서 하는 파티 말인데, 술은 뭐가 좋을까요?

▶ 저기요, 친구의 결혼 축하 선물인데요.

▶ 지난주에 제안한 그 기획은 채택되지 않은 것 같아.

▶ 밖은 꽤 추운 것 같아요.

▶ 다카하시 씨, 기분이 좋아 보이네요.

▶ 아마 그럴 거예요.

▶ 적임자는 역시, 와타나베 씨 외에는 달리 없겠지요.

▶ 전철을 놓칠 것 같아요.

▶ 왜 이 상품은 이렇게 쌀까요?

031 □ 当店の売れ筋商品はこちらです。

032 □ どこかで聞いたような気もするけど。

033 □ 何かお探しでしょうか。

034 □ 何か手違いでもございましたでしょうか。

035 □ なんとか光が見えてきたように思います。

036 □ 2週間ほどかかりますが、よろしいでしょうか。

037 □ 日曜日、行けないことはないんでしょう。

038 □ 日本にいる外国人にとって、一番難しいことはどんなことでしょうか。

039 □ のっぴきならない用事で、会合には出席できそうもありません。

040 □ 橋本さんはもうお帰りになったようですね。コートもありませんよ。

041 □ 一雨降りそうですね。

042 □ 二つの駅の中間に新しい駅ができるらしいですよ。

043 □ 部長がまた契約に成功したそうですよ。

044 □ 部長はどうするおつもりなんでしょうか。

045 □ 平日だからいつもより少なくなるんじゃないでしょうか。

▶ 저희 가게의 인기 상품은 이것입니다.

▶ 어디선가 들은 것 같기도 한데.

▶ 찾으시는 물건이 있으세요?

▶ 무슨 착오라도 있으셨나요?

▶ 겨우 희망이 보이기 시작한 것 같습니다.

▶ 2주일 정도 걸립니다만, 괜찮으십니까?

▶ 일요일 못 가는 건 아니겠죠?

▶ 일본에 있는 외국인에게 있어서 가장 어려운 점은 어떤 것일까요?

▶ 어쩔 수 없이 꼭 해야 할 볼일로, 모임에는 출석하지 못할 것 같습니다.

▶ 하시모토 씨는 벌써 돌아간 것 같네요. 코트도 없어요.

▶ 비가 한바탕 내릴 것 같군요.

▶ 두 개의 역 중간에 새로운 역이 생길 것 같아요.

▶ 부장님이 또 계약에 성공했답니다.

▶ 부장님은 어떻게 할 생각이실까요?

▶ 평일이니까 평소보다 적어지지 않을까요.

046 □ まだ雨、降ってるかな。

047 □ またどこかで油を売っているんじゃないかな。

048 □ まだまだ開発が進んでいくようですよ。

049 □ もくもくと煙が上がっているから火事かもしれないですよ。

050 □ 6時半に来るはずだったのにどうしたの。

▶ 아직 비가 오고 있으려나.

▶ 또 어딘가에서 농땡이를 치고 있는 건 아니겠지.

▶ 아직도 개발이 진행될 것 같아요.

▶ 뭉게뭉게 연기가 피어 오르고 있으니까, 화재일지도 몰라요.

▶ 6시 반에 오기로 해 놓고, 어떻게 된 거야?

STEP 6 전문, 인용, 수급관계

001 □ あ、そう言えば、夕方、取引先に寄るっておっしゃいましたよ。

002 □ 新しい部長って、なかなかのやり手で、社長の信頼も厚いそうだよ。男顔負けのキャリアウーマンだって。

003 □ あの会社では正社員を減らして、派遣社員を増やしているそうです。

004 □ あの人、なりたての新米会計士なんですって。

005 □ アメリカ経済の悪化でかなりの企業が経営難に陥っているらしいよ。

006 □ いいえ、平年並みだそうです。

007 □ 犬を飼い始めたんですって(?)。

008 □ うわさでは、営業部長が、次期社長候補に挙がったらしいよ。

009 □ ええ、そうらしいですよ。

010 □ 駅前にもう一つ駐車場ができるんですって。

011 □ お酒が強いそうですね。

▶ 참, 그러고 보니 저녁 때 거래처에 들른다고 하셨어요.

▶ 새로 온 부장은 상당한 수완가라서, 사장의 신뢰도 두터운 모양이야. 남자가 무색할 정도의 캐리어우먼이래.

▶ 그 회사에서는 정사원을 줄이고 파견사원을 늘리고 있답니다.

▶ 저 사람, 아직 얼마 안 된 신참 회계사래요.

▶ 미국 경제의 악화로 꽤 많은 기업들이 모두 경영난에 빠져 있는 것 같아.

▶ 아니요, 예년과 비슷하답니다.

▶ 개를 키우기 시작했다면서요?

▶ 소문에 의하면 영업부장이, 차기 사장 후보에 오른 것 같아.

▶ 네, 그런 모양이에요.

▶ 역 앞에 주차장이 하나 더 생긴대요.

▶ 술이 세다면서요.

012 □ お礼に夕飯は私にごちそうさせてください。

013 □ 海外へ転勤になるんですって(?)。

014 □ 家族に心配を掛けたくなくて病気のことを言わなかったんですって。

015 □ 課長にむりやり飲まされて、結局帰ったのは1時すぎでした。

016 □ 株価が昨日、また最安値を更新したそうですよ。

017 □ 昨日の火事、あっという間に火が回ったそうですよ。

018 □ 君、明後日の出張の手配はしてくれた(?)。

019 □ 今日が休みだってこと、忘れていたんです。

020 □ 銀行の利子がまた下がるそうです。

021 □ 経済に明るい人の話では、これから5年、厳しい状況が続くそうですよ。

022 □ 交通事故でしばらく入院することになったそうです。

023 □ 子会社では、商品の納期が遅れる理由は何だと言っていますか。

024 □ この間けがをしたとき、会社の人がうちまで送ってくれたんです。

▶ 답례로 저녁식사는 제가 사겠습니다.

▶ 해외로 전근 간다면서요?

▶ 가족에게 걱정을 끼치기 싫어서 병을 말하지 않았답니다.

▶ 과장님이 억지로 술을 마시게 해서, 결국 집에 간 것은 1시가 넘어서였습니다.

▶ 주가가 어제, 또 최저가를 갱신했다고 합니다.

▶ 어제의 화재는 순식간에 불이 번졌다고 합니다.

▶ 자네, 모레 출장준비는 해 놨나?

▶ 오늘이 휴일이라는 것을 잊고 있었습니다.

▶ 은행이자가 또 내린답니다.

▶ 경제에 밝은 사람 이야기로는, 앞으로 5년, 심각한 상황이 이어진다고 합니다.

▶ 교통사고로 얼마간 입원하게 되었답니다.

▶ 자회사에서는 납품 납기가 늦어지는 이유를 뭐라고 합니까?

▶ 요전에 다쳤을 때, 회사 사람이 집까지 바래다주었어요.

025 □ この雨が止んだら一段と寒くなるって、天気予報で言ってましたよ。

026 □ この土地はとても肥えているんだそうです。

027 □ 今回の文学賞は受賞の該当者がいなかったそうです。

028 □ 今度コンピューターをお買いになるそうですね。

029 □ 今度はボーナス、少ないそうですよ。

030 □ 最近、ジョギングを始めたそうですね。

031 □ 最近つかまった凶悪事件の犯人は、まじめで通っていた人だったらしいですよ。

032 □ 先ほど木村さんから電話がありまして、会議に遅れるそうです。

033 □ 市民会館が移転して、音響設備の整った新しいコンサートホールに生れ変わるそうだよ。

034 □ 商品の苦情係を買って出たんですって。

035 □ 田中さんがクリスマスプレゼントをくれました。

036 □ 田中さん、今日は二日酔いで会社を休むそうです。

037 □ 田中さん、風邪を引いたんですって。

038 □ 田中さんって方、どんな方でしょうか。

▶ 이 비가 그치면 더 추워진다고, 일기예보에서 말했어요.

▶ 이 땅은 매우 비옥하다고 합니다.

▶ 금년 문학상은 수상 해당자가 없었다고 하더군요.

▶ 이번에 컴퓨터를 사신다면서요.

▶ 이번에는 보너스가 적대요.

▶ 요새 조깅을 시작했다면서요.

▶ 최근에 붙잡힌 흉악범은 성실한 사람으로 알려졌던 모양입니다.

▶ 아까 기무라 씨로부터 전화가 왔었는데, 회의에 늦는다고 합니다.

▶ 시민회관이 이전하여, 음향설비를 갖춘 새로운 콘서트 홀로 다시 태어난다고 해.

▶ 상품의 불만 처리 담당을 떠맡으셨다면서요?

▶ 다나카 씨가 크리스마스 선물을 주었습니다.

▶ 다나카 씨, 오늘은 숙취 때문에 회사를 쉰대요.

▶ 다나카 씨, 감기 걸렸다면서요?

▶ 다나카 씨라는 분, 어떤 분입니까?

039	田中さんは説得されて賛成派に回ったそうですよ。
040	中野さんのご主人、ガンで入院なさったんですって。
041	日本の大学に留学するという話はどうなりましたか。
042	本日はお招きいただきありがとうございます。
043	毎日スポーツクラブに通っているんですって(?)。
044	山川さんは飲み会に出ないらしいよ。
045	山川部長、地方へ飛ばされるらしいよ。
046	山本さん、足の骨を折って3ヶ月の入院ですって。
047	喜んで伺いますっておっしゃいました。
048	例の件、返事が一向にないんですが、担当者に直接問い合わせたんでしょうね。
049	わざわざお越しくださいまして、ありがとうございました。
050	わざわざお見送りいただきまして、ありがとうございます。

▶ 다나카 씨가 설득을 당해서 찬성 파로 돌아섰다고 합니다.

▶ 나카노 씨 남편 분, 암으로 입원하셨대.

▶ 일본의 대학으로 유학 간다는 얘기는 어떻게 되었어요?

▶ 오늘 초대해 주셔서 감사합니다.

▶ 매일 스포츠클럽에 다닌다면서요?

▶ 야마카와 씨는 술자리에 안 나올 모양이야.

▶ 야마카와 부장님이 지방으로 좌천당할 모양이야.

▶ 야마모토 씨가 다리뼈가 부러져서 3개월 동안 입원한대요.

▶ 기꺼이 참석하시겠다고 하셨습니다.

▶ 예의 건, 답장이 전혀 안 오는데, 담당자에게 직접 문의한 거 맞죠?

▶ 일부러 와 주셔서 고맙습니다.

▶ 일부러 배웅해 주셔서 감사합니다.

STEP 7 평가

001 □ 相手の弱みにつけこんで、高飛車にでるなんてひどいですよ。

002 □ あそこのケーキは、おいしいので有名ですよ。

003 □ 新しい会社が、雨後の竹の子のようにできましたね。

004 □ あの人があれほどとは思いませんでした。

005 □ あの人はいつも腰が低くて感じのいい人ですね。

006 □ あの店、客が減って売上も落ちたって評判だよ。

007 □ あまり働かなかったから、収入が増えないのも自業自得ですね。

008 □ 家からジムまでは目と鼻の先さ、毎日通っても平気なんだ。

009 □ いいお話だから、お受けしようと思ってる。

010 □ いいものを食べなれているから、社長は口がおごってるんだよ。

011 □ いくら注意しても分からないんだから、もう愛想をつかしたよ。

▶ 상대의 약점을 파고들어 고자세로 나오다니 너무 하는군요.

▶ 그곳 케이크는 맛있기로 유명합니다.

▶ 새로운 회사가 우후죽순처럼 생겨났군요.

▶ 그 사람이 그 정도인 줄은 몰랐어요.

▶ 저 사람은 언제나 겸손하고 느낌이 좋은 사람이군요.

▶ 그 가게, 손님이 줄고 매상도 떨어졌다는 소문이야.

▶ 별로 일을 하지 않았기 때문에 수입이 늘지 않는 것도 자업자득이군요.

▶ 집에서 체육관까지는 엎드리면 코 닿을 정도야. 매일 다녀도 아무렇지도 않아.

▶ 괜찮은 이야기이니까, 받아들일까 해.

▶ 평상시 좋은 것만 먹어서, 사장은 입이 고급이야.

▶ 아무리 주의를 줘도 모르니까 이제 정나미가 떨어졌어.

012 □ いつも家内に板前っていわれるほどです。

013 □ いまさら悔んでみても、もう後の祭りですよ。

014 □ 打てば響くように、答えが返ってきますね。

015 □ おいしい！ すごくおいしいよ！ このごろ、料理の腕が上がったね。

016 □ お酒が飲めない人がいると思うけど。

017 □ おだてられて、すっかり図に乗ってますね。

018 □ 大人になってからも親のすねをかじっている若者がふえてきましたね。

019 □ 彼女はいつも手際よく仕事をしますね。

020 □ 彼の才能は買いますが、人柄に問題がありますね。

021 □ 彼は政界の裏表に通じていますよ。

022 □ 気に入らないと、彼はすぐつむじを曲げてしまうんですよ。

023 □ 昨日行った食堂、文句なかったでしょう(?)。

024 □ 昨日の負けが尾を引いて、いまだに元気がないんですよ。

025 □ 休日もあちこち出かけて、席の暖まる暇もないくらいですよ。

▶ 언제나 아내에게 요리사라고 불릴 정도입니다.

▶ 이제 와서 후회해도, 이미 지난 일이에요.

▶ 뭐라 하면 즉시 대답이 돌아오는군요.

▶ 맛있어! 정말 맛있어! 요즘 요리 실력이 늘었군.

▶ 술을 못 마시는 사람이 있을 것 같은데….

▶ 치켜세워주니까 완전히 우쭐대고 있군요.

▶ 어른이 되어서도 부모에게 얹혀사는 젊은이가 늘었어요.

▶ 그녀는 언제나 깔끔하게 일을 해요.

▶ 그의 재능은 인정하지만, 성품은 문제가 있군요.

▶ 그는 정계의 내외 사정에 정통해요.

▶ 마음에 들지 않으면 그는 바로 짜증을 냅니다.

▶ 어제 간 식당, 흠잡을 데 없었죠?

▶ 어제의 패배가 영향을 주어 아직까지도 기운이 없어요.

▶ 휴일에도 여기저기 외출하여 자리에 붙어있을 겨를이 없을 정도입니다.

026 □ 今日はいつもより早いですね。

027 □ 君がミスをするなんて、珍しいじゃない。

028 □ 木村さんのゴルフの腕前は、私とは桁が違いますよ。

029 □ 公園に粗大ゴミを捨てるなんて、言語道断もほどがありますね。

030 □ こちらの方がお似合いだと思います。

031 □ こちらの方が耐久性に優れております。

032 □ 子供の学力の低下が大きな問題になっていますよ。

033 □ このお店、飲み屋だけどおいしい料理を出すので有名なんです。

034 □ この事業はどうやっても採算がとれなかったんです。

035 □ このパソコンの画面、ちょっと見にくいですね。

036 □ このビール、なかなかおいしいですね。

037 □ この部屋の家賃はずいぶん高いですね。

038 □ この町にも若い人が多くなりましたね。

039 □ このランチ、ボリュームたっぷりでなかなか食べごたえがあるでしょう(?)。

040 □ これ、急ぎの仕事だから、先にやってくれる(?)。

▶ 오늘은 평소보다 이르군요.

▶ 자네가 실수를 하다니, 좀처럼 없는 일이잖아?

▶ 기무라 씨의 골프실력은 나와는 차원이 다릅니다.

▶ 공원에 대형쓰레기를 버리다니, 언어도단도 유분수지 너무합니다.

▶ 이쪽이 더 잘 어울릴 것 같은데요.

▶ 이쪽이 내구성이 더 뛰어납니다.

▶ 아이들의 학력 저하가 큰 문제가 되고 있어요.

▶ 이 가게는, 술집이지만 맛있는 요리를 내놓는 것으로 유명합니다.

▶ 이 사업은 아무리 해도 채산이 맞지 않았습니다.

▶ 이 컴퓨터 화면, 조금 보기 불편하군요.

▶ 이 맥주, 꽤 맛있네요.

▶ 이 방의 방세는 꽤 비싸군요.

▶ 이 도시에도 젊은이들이 많아졌군요.

▶ 이 점심, 양이 많아서 상당히 배부르죠?

▶ 이거, 급한 일인데, 먼저 해 주겠어?

041 □ これは各駅停車なので、少し時間がかかります。

042 □ これほどまでの規模は日本でもめったに見かけられません。

043 □ 今回の選挙でも、投票率は前回を下回ったようですね。

044 □ 今回報道されたこの事件は、氷山の一角ですよ。

045 □ 最近このデザインが売れ筋です。

046 □ 最近の若い人の服の好みは個人差が甚だしいですね。

047 □ さすが、立て板に水のようにすらすらと話しますね。

048 □ さすが田中さん、発想が違いますね。

049 □ 佐藤さんって、がっちりしてて男らしいですね。

050 □ 主人公がかわいいのでいっぺんに好きになりました。

051 □ 紹介してあげた会社を勝手に辞めるなんて、顔に泥を塗られてしまった。

052 □ 試行錯誤を繰り返した末に、やっと成功したわけですね。

053 □ 知ったかぶりをしたが、結局まちがえて馬脚をあらわしたわけですね。

054 □ しばらくだね。ちょっと会わないうちに、また大きくなったね。

▶ 이것은 각 역마다 정차하므로 좀 시간이 걸립니다.

▶ 이 정도 규모는 일본에서도 좀처럼 찾아볼 수가 없습니다.

▶ 이번 선거에서도 투표율은 지난번을 밑돈 것 같네요.

▶ 이번에 보도된 이 사건은 빙산의 일각입니다.

▶ 요새 이 디자인이 많이 팔립니다.

▶ 요즘 젊은 사람들의 옷의 취향은 개인차가 심하군요.

▶ 과연, 청산유수처럼 유창하게 말을 하는군요.

▶ 역시 다나카 씨, 발상이 다르군요.

▶ 사토 씨는 몸이 다부져서 남자다워요.

▶ 주인공이 귀여워서 단번에 좋아하게 됐어요.

▶ 소개해준 회사를 자기 멋대로 그만두다니, 내 얼굴에 먹칠을 했어.

▶ 시행착오를 반복한 끝에 마침내 성공한 셈이군요.

▶ 아는 체를 했으나 결국은 틀려서 마각을 드러내고 만 셈이군요.

▶ 오랜만이구나. 잠시 안 본 사이에 또 자랐구나.

055 □ 閉め切っていたから、部屋の空気が悪いですね。

056 □ 締め切りが近づき、仕上げに拍車を掛けているんですよ。

057 □ 新製品のサンプルを無くしてしまったんです。

058 □ 審判の目をごまかすとは、選手の風上に置けないひとですよ。

059 □ 政府はゼロ金利対策を打ち出して、消費の拡大を図っています。

060 □ セールスマンの口車に乗ってそんな高価なものを買っちゃうなんて軽率だよ。

061 □ 先生の説教にはうんざりしますよ。

062 □ そう、それは頼もしいね。

063 □ その本にずいぶん夢中ですね。

064 □ その洋服とネクタイ、色がぴったりですね。

065 □ それが、なかなか計画通りにいかなくて、困ってるんです。

066 □ それはどちらでも構いません。

067 □ 田村さんはほんとうに顔が広いですね。

068 □ テストだと言ってもたいしたもんじゃないから、1日ぐらいは大丈夫です。

▶ 문을 꼭 닫고 있었더니, 방 공기가 나쁘군요.

▶ 마감이 다가와서, 마무리에 박차를 가하고 있어요.

▶ 신제품 샘플을 잃어버렸습니다.

▶ 심판의 눈을 속이다니, 선수로서 상대할 수 없을 정도로 비열한 사람이에요.

▶ 정부는 제로 금리 정책을 내세워서 소비 확대를 도모하고 있습니다.

▶ 세일즈맨의 감언이설에 속아서 그런 비싼 걸 사다니 경솔했어.

▶ 선생님의 설교는 이제 지긋지긋합니다.

▶ 그래? 그거 믿음직스럽군.

▶ 그 책에 어지간히 빠져 있군요.

▶ 그 양복과 넥타이, 색이 잘 어울리네요.

▶ 그게, 좀처럼 계획대로 되지 않아서 애를 먹고 있습니다.

▶ 그것은 어느 쪽이라도 상관없습니다.

▶ 다무라 씨는 정말 발이 넓군요.

▶ 시험이라고 해도 대단한 건 아니니까 하루 정도는 괜찮습니다.

069 □ テニスなら、県大会優勝の彼の右に出る者はいないでしょう。

070 □ でも、繁華街にあるのが玉に傷なんですよ。

071 □ 特にお年よりに喜ばれます。

072 □ 突然の火事に、着の身着のままで逃げ出したわけですね。

073 □ とても華やかでよくお似合です。

074 □ 中がいくつにも分かれているから、すごく便利です。

075 □ 夏が終わった海水浴場は火が消えたようですね。

076 □ 日本の料理はどれも彩りがよいですね。特にお寿司などは。

077 □ 納期を守れそうもないんです。

078 □ 猫の手でも借りたいほど忙しいんです。

079 □ 話し合いは堂々巡りをして、ぜんぜん前に進まなかったんですよ。

080 □ ひとえに部長のおかげです。

081 □ 人を顎でこき使って、何様だと思ってるんだよ。

082 □ 部長は、いつも山田さんの肩を持つんですよ。

083 □ 部屋が南向きだから日当たりがいいですよ。

▶ 테니스라면 현 대회에서 우승한 그를 능가할 사람은 없지요.

▶ 그런데, 번화가에 있는 것이 옥에 티입니다.

▶ 특히 노인 분들이 좋아합니다.

▶ 갑작스런 화재에, 입고 있던 옷만 걸친 채 도망친 것이군요.

▶ 아주 화려하고 잘 어울립니다.

▶ 속이 여러 개로 나뉘어 있으니까 매우 편리합니다.

▶ 여름이 끝난 해수욕장은 적막하기 그지없다.

▶ 일본의 요리는 어느 것이나 배색이 좋군요. 특히 초밥 등은.

▶ 납기를 못 지킬 것 같습니다.

▶ 고양이 손이라도 빌리고 싶을 정도로 바쁩니다.

▶ 이야기는 제자리를 맴돌기만 할 뿐, 전혀 진전이 없었어요.

▶ 전적으로 부장님 덕택입니다.

▶ 사람을 마구 부려먹고 대단한 사람이라도 되는 줄 아나.

▶ 부장님은 언제나 야마다 씨의 편을 듭니다.

▶ 방이 남향이라서 햇볕이 잘 듭니다.

084 □ 勉強もしないで、映画に現を抜かしていたからですよ。

085 □ 本当。一般の人も受けられるんだ。

086 □ ますます盛んになってほしいものです。

087 □ まだ、決めてないから、取りあえず、そこに置いておいてください。

088 □ 店の経営が、やっと軌道に乗ってきましたね。

089 □ 綿は汗をよく吸い取りますので、着心地もいいです。

090 □ 難しくてとても合格できる自信がありません。

091 □ やっぱり家内の手作りが一番ですよ。

092 □ やっぱり肌触りがやわらかい方がいいですね。

093 □ 山田さんにはほんとうに頭が下がります。

094 □ ゆったりして着やすいと思いますが。

095 □ よく売れる商品や人気のある人のやることはすぐ真似をされちゃいますね。

096 □ 夜中の11時にピアノの練習だなんて、非常識も甚だしいね。

097 □ 四億年前と言われても雲をつかむようでぴんとこないですね。

- 공부도 안하고 영화에 넋을 잃고 있었기 때문이에요.

- 정말! 일반인도 들을 수 있네. (수업이나 강의)

- 더욱더 활발해졌으면 좋겠습니다.

- 아직 결정하지 않았으니까, 일단 거기에 놓아두세요.

- 가게 경영이 마침내 궤도에 올라왔군요.

- 면은 땀을 잘 흡수하기 때문에 착용감도 좋습니다.

- 어려워서 도저히 합격할 자신이 없습니다.

- 역시 집사람이 손수 만들어 주는 음식이 제일이죠.

- 역시 촉감이 부드러운 것이 좋은데요.

- 야마다 씨에게는 정말 머리가 숙여집니다. (존경합니다.)

- 넉넉해서 입기 편할 거라고 생각됩니다만.

- 잘 팔리는 상품이나 인기가 있는 사람이 하는 것은 금방 흉내를 내 버리게 되는군요.

- 밤 11시에 피아노 연습이라니, 몰상식하기 짝이 없군.

- 4억 년 전이라도 해도 뜬 구름을 잡는 것 같아 확 와닿지 않네요.

098 □ ラーメンはもう飽きちゃいました。

099 □ 両方とも欲しいんだけど、花より団子だよね。

100 □ 私は何でも石橋をたたいて渡るタイプなんですよ。

101 □ わたしもその絵の前で、感動のあまりくぎ付けになってしまいました。

▶ 라면은 이제 질렸습니다.

▶ 둘 다 갖고 싶은데 실속 있는 것이 더 좋겠지.

▶ 나는 무슨 일이든 돌다리도 두들겨보고 건너는 타입입니다.

▶ 나도 그 그림 앞에서 감동한 나머지 꼼짝할 수 없게 되어 버렸습니다.

STEP 8 원인, 이유

001 □ あいにく在庫がございませんので、お取り寄せになりますが。

002 □ 朝からずっと立ち通しで足が棒になっちゃいました。

003 □ あなたが思うようにいかないからといって、八つあたりするもんじゃないですよ。

004 □ 明日は接待だから、夕飯は外で食べてくるよ。

005 □ 汗で、体がべたべたなんですよ。

006 □ 暑い中を歩いたので、のどがからからです。

007 □ あまりにも楽しかったので、時間のたつのも忘れるくらいでした。

008 □ 雨でとうとう見えませんでした。

009 □ 一日中外を歩いて、汗をびっしょりかきました。

010 □ 1日でこんなに食べきれませんよ。

011 □ 胃の検査は空腹の状態でしますから、今夜からは水も飲んではいけません。

012 □ 英語が苦手で、足を引っ張ってるんです。

▶ 마침 재고가 없어서 주문하셔야 되는데요.

▶ 아침부터 쭉 서 있어서 다리가 뻣뻣해졌습니다.

▶ 당신 뜻대로 안 된다고 해서 아무데나 화풀이를 하는 게 아니에요.

▶ 내일은 접대가 있으니까 저녁은 밖에서 먹고 올 거야.

▶ 땀으로 몸이 끈적끈적합니다.

▶ 더위 속을 걸었더니, 목이 마릅니다.

▶ 너무 즐거워서 시간 가는 줄도 몰랐어요.

▶ 비 때문에 끝내 보이지 않았습니다.

▶ 하루 종일 밖을 걸어 다녀서 땀을 흠뻑 흘렸습니다.

▶ 하루에 이렇게 (많이는) 못 먹어요.

▶ 위 검사는 공복 상태에서 하므로, 오늘밤부터는 물도 마시면 안 됩니다.

▶ 영어를 잘 못해서, 걸림돌이 되고 있어요.

013 ☐	表向きの理由はそうなんだけれど、ほんとうは違うんですよ。
014 ☐	今日は仕事がどっさりあるので、遅くなりそうです。
015 ☐	お好きだと聞いたので、買っておきました。
016 ☐	お役に立てなくて申し訳ございません。
017 ☐	顔色が悪いですね。どうしましたか。
018 ☐	髪の毛がぼさぼさなので、美容院に行ってきました。
019 ☐	彼の言うことは抽象的で、焦点がつかみにくいですね。
020 ☐	気が散るからテレビを消してくれない(?)。
021 ☐	腰が痛くて、重いものは持てません。
022 ☐	このところ忙しくてゴルフどころじゃないんです。
023 ☐	細かいのがなくて、悪いですね。
024 ☐	転んでひざをすりむきました。
025 ☐	壊れやすいのでご注意ください。
026 ☐	最近、肩が凝って困ります。
027 ☐	締め切りが迫っているので、明日まで待ちきれませんよ。
028 ☐	終電に乗るので、私はそろそろ失礼します。

- 표면상의 이유는 그렇다고 하지만 사실은 그렇지 않습니다.

- 오늘은 일이 잔뜩 있어, 늦어질 것 같아요.

- 좋아하신다고 들어서 사 놨어요.

- 도움이 되지 못해서 죄송합니다.

- 안색이 안 좋네요. 어디 아파요?

- 머리카락이 부스스해서, 미용실에 다녀왔습니다.

- 그 사람이 말하는 것은 추상적이라서 초점을 잡기가 힘들어요.

- 집중이 안 되니까 텔레비전을 꺼주지 않을래?

- 허리가 아파서 무거운 건 못 듭니다.

- 요즘 바빠서 골프는 생각도 못합니다.

- 잔돈이 없어서 미안하군요.

- 넘어져서 무릎이 까졌습니다.

- 부서지기 쉬우니 주의하십시오.

- 요즘 어깨가 결려서 죽겠어요.

- 마감일이 다가오고 있기 때문에 내일까지 기다릴 수 없어요.

- 마지막 전철을 타야 하므로, 저는 그만 가보겠습니다.

029 □ 状況次第ではまたアジアが金融危機に襲われることもあります。

030 □ 正面玄関は閉まっているので、裏口に回ってください。

031 □ すみません。電話が遠くて、よく聞こえないんです。

032 □ セキュリティーチェックが思ったより厳しくなかったから、拍子抜けしちゃった。

033 □ せっかくですが、今日はちょっと体の調子が悪くて。

034 □ 先輩に仕事を手伝わせられて。

035 □ そうでなくても苦しいのに保険なんて。

036 □ そもそも、金融危機がおきた原因はなんだったのでしょうか。

037 □ たばこが切れたから、ちょっと買ってきます。

038 □ 調子に乗るからですよ。

039 □ ちょっと暑いから窓を開けますね。

040 □ デパートは年末年始が書き入れ時だからですよ。

041 □ どうして一緒に行かないんですか。

042 □ 人の内面は他人にはちゃんと見えないものなんです。

▶ 상황에 따라서는 다시 아시아가 금융 위기에 휩쓸릴 수도 있습니다.

▶ 정면 현관은 닫혀 있으니, 뒷문으로 돌아가세요.

▶ 죄송합니다. 전화 상태가 나빠서 잘 안 들립니다.

▶ 보안검사가 생각보다 엄격하지 않아 맥이 빠졌다.

▶ 모처럼입니다만, 오늘은 몸이 좀 안 좋아서….

▶ 선배가 일을 도와 달라고 하는 바람에요….

▶ 안 그래도 어려운 판에 보험이라니요.

▶ 애당초, 금융위기가 일어난 원인은 무엇이었던 겁니까?

▶ 담배가 떨어져서, 잠깐 사 오겠습니다.

▶ 너무 자만했기 때문이에요.

▶ 약간 더우니까 창문을 열게요.

▶ 백화점은 연말연시가 대목이기 때문이지요.

▶ 어째서 같이 가지 않는 겁니까?

▶ 사람의 내면은 남에게는 제대로 보이지 않는 법이에요.

043 □ 昼間は家にいないと思うので、できるだけ遅い時間にしてください。

044 □ 不況ですので、仕方がない面もあるんですね。

045 □ 二日酔いで大変でしたよ。

046 □ プレゼントにするのできれいに包んでください。

047 □ 店は朝から大混雑で、客の応対にてんてこ舞いだったんです。

048 □ もう足が痛くてたまりませんよ。

049 □ 両親が孫に甘くて、困っているんですよ。

▶ 낮에는 집에 없을 거니까, 가능한 한 늦은 시간으로 해 주세요.

▶ 불황이므로, 어쩔 수 없는 면도 있겠군요.

▶ 숙취로 고생했어요.

▶ 선물할 거니까 예쁘게 포장해 주세요.

▶ 가게는 아침부터 아주 혼잡해서, 손님 응대로 정신이 없었습니다.

▶ 이제 다리가 아파서 못 견디겠어요.

▶ 부모님이 손자 응석을 다 받아줘서, 걱정입니다.

STEP 9 의지

001 □ 新しくできたスーパーへ行ってみましょうか。

002 □ アパートを探しているんですが。

003 □ 忙しそうですね。何か手伝いましょうか。

004 □ 一か八かやってみます。

005 □ 応募書類は一切返却しません。

006 □ 奥さんの誕生日プレゼントは、何にするつもりですか。

007 □ お取り寄せしましょうか。

008 □ 彼も一緒に来るように誘うつもりです。

009 □ 期日までに工事が完成するように努めます。

010 □ 昨日、君と一緒にいたことにしてくれない(?)。口裏を合わせて欲しいんだ。

011 □ 今日の飲み会、ちょっとだけ顔を出します。

012 □ 今日はひさしぶりにこってりした肉料理がたべたいですね。

013 □ 結婚式の引き出物に傘をみなさんにあげる予定です。

▶ 새로 생긴 슈퍼마켓에 가 볼래요?

▶ 아파트를 구하고 있는데요.

▶ 바쁜 것 같네요. 뭐 좀 도와드릴까요?

▶ 되든 안 되든 해 보겠습니다.

▶ 응모서류는 일체 반환하지 않습니다.

▶ 부인의 생일 선물은 무엇을 할 생각입니까?

▶ 주문해 드릴까요?

▶ 그도 함께 오도록 권할 생각입니다.

▶ 기일까지는 공사를 마치도록 힘쓰겠습니다.

▶ 어제 너랑 같이 있었던 걸로 해 주지 않겠어? 말을 맞춰 줬으면 해.

▶ 오늘 회식, 잠깐 동안만 참석할게요.

▶ 오늘은 오랜만에 진한 고기요리를 먹고 싶군요.

▶ 결혼식 답례품으로 우산을 모두에게 줄 예정입니다.

014 □ コーヒーはお食事の前になさいますか、後になさいますか。

015 □ 高齢化に備えてみんな貯蓄を消費に回そうとしないんです。

016 □ ご入金が確認され次第、商品を送らせていただきます。

017 □ ご伝言を承りましょうか。

018 □ このお菓子をあと３つ欲しいんですが。

019 □ この研究に骨をうずめる覚悟です。

020 □ この仕事、できれば今日中にお願いしたいんですが。

021 □ この仕事は何とか課長の手を借りずにやりたいのよ。

022 □ この本は航空便で発送されます。

023 □ これからも長くお付き合いさせていただきたいと思います。

024 □ 今度駅前に喫茶店を出すことにしました。

025 □ 今度結婚することになりました。

026 □ 今度こそはたばこをやめようと決めたんだ。

027 □ 今度の週末はどうするつもりですか。

028 □ 今度の土曜日、どこへ行きましょうか。

▶ 커피는 식사 전에 하시겠습니까? 나중에 하시겠습니까?

▶ 고령화 사회에 대비해서 모두 저축을 소비로 돌리려고 하지 않아요.

▶ 입금이 확인 되는대로 상품을 보내드리겠습니다.

▶ 말씀을 전해 드릴까요?

▶ 이 과자를 3개 더 주셨으면 해요.

▶ 이 연구에 뼈를 묻을(일생을 바칠) 각오입니다.

▶ 이 일, 가능하면 오늘 중으로 부탁하고 싶습니다만.

▶ 이 일은 어떻게든 과장님의 손을 빌리지 않고 하고 싶단 말야.

▶ 이 책은 항공편으로 발송됩니다.

▶ 앞으로도 오랫동안 거래를 하게 되길 바랍니다.

▶ 이번에 역 앞에 찻집을 내기로 했습니다.

▶ 이번에 결혼하게 되었습니다.

▶ 이번에야말로 담배를 끊기로 작정했어.

▶ 이번 주말엔 어떻게 할 계획이죠?

▶ 이번 토요일에 어디로 갈까요?

029 □ 雑誌の新規購読をお願いしたいんですが。

030 □ 時間がありますから、車でお送りしましょうか。

031 □ 仕事を代わってあげましょうか。

032 □ じゃあ、そろそろお開きにしましょうか。

033 □ 週末、一泊で温泉に行きたいんです。

034 □ 人生がやり直せるとしたら、次はどんな一生を送りたいですか。

035 □ すぐ新しいものとお取り替えいたします。

036 □ それじゃ、私からもお願いしてみようかな。

037 □ 大変そうですね。お手伝いしましょうか。

038 □ 建物を出たところで会いましょう。

039 □ ちょっと暗いですね。電気をつけましょうか。

040 □ では、社に戻って検討してからお返事いたします。

041 □ どうせ乗り掛かった船です。最後まで協力しますよ。

042 □ どこで降りるつもりだったんですか。

043 □ 夏休みにはゆっくり旅行がしたいですね。

044 □ なんか空気が悪くない(?)。窓を開けて空気を入れ換えようよ。

▶ 잡지의 신규 구독을 할까 하는데요.

▶ 시간이 있으니까 차로 바래다 드릴까요?

▶ 대신 일을 해 줄까요?

▶ 그럼, 슬슬 끝낼까요?

▶ 주말에 1박으로 온천에 가고 싶은데요.

▶ 인생을 다시 시작한다면, 다음은 어떤 일생을 보내고 싶습니까?

▶ 바로 새 것과 교환하겠습니다.

▶ 그럼 나도 부탁해 볼까?

▶ 힘드실 것 같군요. 도와드릴까요?

▶ 건물 밖에서 만납시다.

▶ 좀 어둡네요. 불을 켤까요?

▶ 그럼 회사로 돌아가서 검토한 뒤에 답변 드리겠습니다.

▶ 어차피 내친 걸음입니다. 마지막까지 협력하겠습니다.

▶ 어디서 내릴 예정이었나요?

▶ 여름휴가에는 느긋하게 여행을 하고 싶네요.

▶ 왠지 공기가 나쁘지 않아? 창문을 열고 공기를 환기시키자고.

045 □ 払い戻しはいたしかねます。

046 □ 僕は酒を飲む前に、牛乳を飲むようにしているんです。

047 □ また明日の午後伺わせていただきます。

048 □ 申しわけありませんが、来週の予約を変更したいんですが。

049 □ 優勝とはいかないまでも3位ぐらいにはなりたいです。

050 □ よりよい商品の開発のために一役買いたいんです。

051 □ 来年日本に行くつもりなんです。

052 □ 来月引っ越しをすることになってしまいました。

053 □ 私でよろしければ、喜んで引き受けます。

054 □ 私としてはぜひ岡田さんにお願いしたいと思ってるんです。

055 □ 私もあんなふうになれたらいいですね。

▶ 환불은 해드릴 수 없습니다.

▶ 난 술을 마시기 전에 우유를 마시도록 하고 있어요.

▶ 내일 오후에 다시 찾아 뵙겠습니다.

▶ 죄송합니다만. 다음 주 약속을 변경하고 싶은데요.

▶ 우승까지는 아니더라도 3위 정도는 하고 싶습니다.

▶ 보다 좋은 상품 개발을 위해 협력하고 싶습니다.

▶ 내년에 일본에 갈 생각이에요.

▶ 다음 달에 이사를 가게 되었습니다.

▶ 저라도 괜찮다면 기꺼이 맡겠습니다.

▶ 저로서는 꼭 오카다 씨한테 부탁하고 싶어요.

▶ 나도 저렇게 되면 좋겠어요.

STEP 10　완료, 결론

001 □　あ、いけない。もう8時だ。寝坊しちゃった。

002 □　あいにく品切れとなっております。

003 □　明日の打ち合わせの件、まだ決まっていないんですか。

004 □　あと5分しかありませんよ。

005 □　あの店はいつ見てもお客さんが少ないですね。

006 □　いいえ、そんなことありません。まだまだです。

007 □　一気に飲んじゃいました。

008 □　いつも怠けてばかりいますね。

009 □　いろいろ意見ありがとう。なんか、勇気がわいてきたよ。

010 □　お客様、こちらの車両は禁煙になっております。

011 □　お買い上げの冷蔵庫は明日までにお届けします。

012 □　お上手ですね。

013 □　恐れ入ります。でも、まだまだです。

014 □　おめでとう。あの会社に採用決まったんだって(?)。

015 □　彼の意見に100パーセント賛成している訳ではありません。

▶ 아! 큰일 났다. 벌써 8시다. 늦잠을 자 버렸다.

▶ 죄송하지만, 품절됐습니다.

▶ 내일 협의 건, 아직 결정되지 않았습니까?

▶ 앞으로 5분밖에 없어요.

▶ 저 가게는 언제 보아도 손님이 적군요.

▶ 아뇨, 그렇지 않습니다. 아직 멀었습니다. (상대가 칭찬을 할 때)

▶ 단숨에 마셔 버렸습니다.

▶ 언제나 게으름만 피우고 있군요.

▶ 여러 의견 고마워. 어쩐지 용기가 생겼어.

▶ 손님, 이 차량은 금연으로 되어 있습니다.

▶ 구입하신 냉장고는 내일까지 배달해 드리겠습니다.

▶ 잘 하시는군요.

▶ 감사합니다. 그런데 아직 멀었습니다.

▶ 축하해. 그 회사에 채용이 정해졌다면서?

▶ 그의 의견에 100% 찬성하는 것은 아닙니다.

016 □ 今日の天気予報は、外れですね。

017 □ 今日はお忙しいところわざわざ恐れ入ります。

018 □ 今朝、明け方、地震があったね。

019 □ 午前の受付は終了してしまったんですが。

020 □ ご注文はお決まりですか。

021 □ この青く澄んだ空、都会のよどんだ空とは、比べ物にならないよ。

022 □ このカード、何度入れても自動改札の扉がしまっちゃうんだ。

023 □ この帽子、わたしが編んだんです。いい色でしょう。

024 □ この道をまっすぐ行くと、左手に郵便局があります。

025 □ ごめんなさい。長く待たせちゃって。

026 □ 銀行で下ろしたお金を丸々すられてしまったんです。

027 □ さっき新しいのに取り替えました。

028 □ 仕方ないですね。あしたまでに出してください。

029 □ 仕事にちょっと甘いですね。

030 □ 社員旅行の日程はもう決まりましたか。

031 □ 主人はただいま出かけておりますが。

▶ 오늘 일기예보는 빗나갔군요.

▶ 오늘은 바쁘신 중에도 일부러 찾아주셔서 감사합니다.

▶ 오늘 아침, 새벽녘에 지진이 났었어.

▶ 오전 접수는 끝났습니다만.

▶ 주문은 결정하셨습니까? (주문하시겠습니까?)

▶ 이 맑고 푸른 하늘. 도시의 탁한 하늘과는 비교가 안 돼.

▶ 이 카드 몇 번이나 넣어도 자동개찰 문이 닫혀 버리네!

▶ 이 모자 내가 떴어요. 색깔 좋죠?

▶ 이 길을 곧장 가면 왼쪽에 우체국이 있습니다.

▶ 미안해요. 오래 기다리게 해서.

▶ 은행에서 찾은 돈을 몽땅 소매치기 당해 버렸습니다.

▶ 아까 새 것으로 교체하였습니다.

▶ 어쩔 수 없군요. 내일까지 제출하세요.

▶ 일하는 게 좀 아무지지 않아요.

▶ 사원 여행 일정은 이제 정해졌습니까?

▶ 남편은 지금 외출했는데요.

032 □ 新製品の出荷数でちょっと揉めました。

033 □ すぐご注文の本をお取り寄せします。

034 □ すっかり長居をいたしまして、そろそろ失礼いたします。

035 □ そうすることによって、人間と仲よくできるようになるんです。

036 □ その書類は受理されたんですか。

037 □ それでしたら、もってこいのがありますよ。

038 □ それはちょうど仕上げたところです。

039 □ そんなお使いならおやすいご用ですよ。

040 □ 田中さんのお宅はとても居心地がいいですね。

041 □ 注文したものと違うんですが。

042 □ 次の責任者には君を推薦しておいたよ。

043 □ 定価には消費税5%が含まれていません。

044 □ テレビが映らなくなってしまいました。

045 □ 電車で定期券をなくしてしまいました。

046 □ 当店では扱っておりませんが。

047 □ 夏はとうとうどこへも行けませんでした。

▶ 신제품 출하 수량에 조금 말썽이 생겼습니다.

▶ 주문하신 책을 곧 갖다 놓겠습니다.

▶ 너무 오래 있었군요. 이제 그만 가보겠습니다.

▶ 그렇게 함으로써 인간과 사이가 좋아지는 것입니다.

▶ 그 서류는 수리됐습니까?

▶ 그러시다면 아주 제격인 게 있지요.

▶ 그건 마침 막 끝낸 참입니다.

▶ 그런 심부름이라면 문제없습니다.

▶ 다나카 씨 집은 아주 편안하군요.

▶ 주문한 것과 다른데요.

▶ 다음 책임자로는 자네를 추천해 뒀네.

▶ 정가에는 소비세 5%가 포함되어 있지 않습니다.

▶ 텔레비전이 안 나오게 되어 버렸습니다.

▶ 전철에서 정기권을 잃어 버렸습니다.

▶ 저희는 취급하지 않습니다만.

▶ 여름에는 결국 어디에도 갈 수 없었어요.

048 □ 何か、冬からあっという間に夏になりましたね。

049 □ 寝坊してしまったんです。

050 □ 乗り過ごしてしまいました。

051 □ ひきだしのかぎをなくしてしまったんです。

052 □ 引っ越しの準備はもう終わりましたか。

053 □ 昼ご飯はもうお済みですか。

054 □ 品質管理に問題はないはずです。

055 □ 部長、今月の社内報、拝見しました。

056 □ ポイントカードのご利用で、1,100円の割引になります。

057 □ 報告書はもうできましたか。

058 □ まだ諦めたわけではありません。

059 □ まるで馬の耳に念仏だよ。もう忘れちゃったの(?)。

060 □ まんまといっぱい食わされたわけだね。

061 □ もうこりごりです。

062 □ もう何日も熱帯夜が続いてるんでしょう。

063 □ もっとお金がかかると思ったが一万円で済みました。

064 □ 約束のお金をお渡しします。

▶ 어쩐지, 겨울에서 눈 깜짝할 사이에 여름이 되었네요.

▶ 늦잠을 자 버렸습니다.

▶ 내릴 곳을 지나쳐 버렸어요.

▶ 서랍 열쇠를 잃어버렸어요.

▶ 이사 준비는 이제 다 끝났습니까?

▶ 점심 식사는 (벌써) 하셨습니까?

▶ 품질관리에 문제는 없을 것입니다.

▶ 부장님, 이달 사보 보았습니다.

▶ 포인트 카드를 이용하셔서 1,100엔 할인됩니다.

▶ 보고서는 이제 완성되었습니까?

▶ 아직 단념한 것은 아닙니다.

▶ 마치 소 귀에 경 읽기군. 벌써 잊어버렸단 말이야?

▶ 감쪽같이 한방 먹은 거구나.

▶ 이젠 지겨워요.

▶ 벌써 며칠째 열대야가 계속되고 있잖아요.

▶ 돈이 더 들 것이라고 생각했는데 만 엔으로 해결됐다.

▶ 약속한 돈을 드리겠습니다.

065 やっと順番が回ってきました。

066 来週までに、就職か進学か結論を出してください。

067 旅行は中止になったんですか。

068 わたしに任せといてください。

069 論文の原稿は今日中にいただかないと、印刷に回せなくなってしまうんですが。

070 若者は理想に向かって前向きに努力すべきですよ。

▶ 겨우 차례가 돌아왔습니다.

▶ 다음 주까지, 취직인지 진학인지 결론을 내 주세요.

▶ 여행은 중지되었습니까?

▶ 저한테 맡겨 주세요.

▶ 논문 원고는 오늘 중으로 받지 않으면, 인쇄소에 보낼 수가 없는데요.

▶ 젊은이들은 이상을 향해 적극적으로 노력해야 해요.

STEP 11 경향, 상황, 상태

001 □ あいにく今はほかの電話に出ておりますが。

002 □ あいにく当日は出張の予定がございまして。

003 □ 朝から何だかそわそわしていませんか。

004 □ 足を挫いたんです。

005 □ 頭が痛くて、熱があるんです。

006 □ 新しい車の調子はどうですか。

007 □ あっという間の一年でしたね。

008 □ あのう、注文した品がまだ来ないんですけど。

009 □ あの会社、火の車だっていうけど、本当なんですか。

010 □ あの歌手、このごろ影が薄いですね。

011 □ あのシェフは、なかなかの腕前ですね。

012 □ あの人は口下手だが、聞上手ですよ。

013 □ あの人は仕事もしないで毎日ぶらぶらしていますね。

014 □ あ、久しぶり。ずいぶん焼けたね。

015 □ あまり芳しくないですよ。

- ▶ 공교롭게도 지금은 다른 전화를 받고 있는데요.

- ▶ 공교롭게도 그날은 출장을 갈 예정이 있어서요.

- ▶ 아침부터 왠지 안절부절 못하고 있지 않습니까?

- ▶ 다리를 삐었습니다.

- ▶ 머리가 아프고 열이 납니다.

- ▶ 새 차의 상태는 어때요?

- ▶ 올 1년은 금방 지난간 것 같아요.

- ▶ 저, 주문한 물건이 아직 안 왔는데요.

- ▶ 그 회사, 재정상태가 매우 안 좋다던데, 정말입니까?

- ▶ 그 가수, 요즘 활약이 뜸하군요.

- ▶ 저 요리사는 상당히 실력이 좋군요.

- ▶ 그 사람은 말하는 것은 서투르지만, 남의 말을 잘 들어주는 사람입니다.

- ▶ 저 사람은 일도 안하고 매일 빈둥빈둥하고 있군요.

- ▶ 야~, 오랜만이다. 아주 많이 탔네.

- ▶ 별로 좋지 않습니다. (좋지 않은 이야기나 소문, 결과)

016 □ 雨が続くと、部屋の中までじめじめして、気持ち悪いですよ。

017 □ あれ、窓が開いていますよ。

018 □ 居酒屋よりもレストランのほうが静かでいいです。

019 □ 急いでいるんですか。

020 □ 忙しいのに悪いね。

021 □ １週間ぐらい遅れる見込みです。

022 □ いつまでも暑いですね。

023 □ 今出たばかりですから。

024 □ 今までお待ちしてたんですが、たった今出掛けたんですよ。

025 □ いや、それどころか、家でも外でも走りまわっていますよ。

026 □ 色あせたりしません。

027 □ 浮かない顔してるけど、何かあったの(?)。

028 □ 駅前の食堂は繁盛しますね。

029 □ 円高も大分落ちついてきましたね。

030 □ 奥さん、旅行中だそうですね。お食事はどうなさっているんですか。

▶ 비가 계속 오면, 방 안까지 눅눅해져서, 기분이 안 좋아요.

▶ 저런, 창문이 열려 있군요.

▶ 술집보다도 레스토랑이 조용하고 좋습니다.

▶ 급한가요?

▶ 바쁜데 미안해.

▶ 1주일 정도 늦어질 전망입니다.

▶ 계속해서 덥네요.

▶ 지금 막 출발했으니까요.

▶ 여태 기다리다가, 좀 전에 나갔습니다.

▶ 아니, 그럴 뿐만 아니라 집에서나 밖에서나 마구 뛰어다니고 있어요.

▶ 빛이 바래거나 하지 않습니다.

▶ 우울한 얼굴을 하고 있는데, 무슨 일 있었어?

▶ 역 앞의 식당은 번창하는군요.

▶ 엔고 현상도 꽤 안정되고 있지요.

▶ 부인이 여행 중이라면서요? 식사는 어떻게 하고 계십니까?

031 □ お元気そうで何よりです。

032 □ 落し物をしても、最近の子はさがさないんですよ。

033 □ お腹を壊したんです。

034 □ お持ち帰りですか、それとも配達をご希望ですか。

035 □ 風が少し冷たくなりましたね。

036 □ 風のおかげで、洗濯物がよく乾きました。

037 □ 風邪で咳が止まらないんです。

038 □ 家族の方が交通事故に遭われたって聞いたんですけど、だいじょうぶだったんですか。

039 □ 課長に怒られたって、私は痛くもかゆくもないよ。

040 □ 彼女はなかなか飲み込みが早いし、気が利きますよ。

041 □ 課長が入院したそうです。

042 □ 課長、例の図面が上がってきました。

043 □ 彼女は病気がちで家にいます。

044 □ 柄物のシャツばかりですね。

045 □ 借りた本をなくしてしまい、合わせる顔がないです。

046 □ きのう、家の近くで火事がありました。

▶ 건강하신 것 같아 다행입니다.

▶ 물건을 잃어버려도 요즘 아이들은 찾지 않아요.

▶ 배탈이 났습니다.

▶ 가져가실 건가요, 아니면 배달을 원하십니까?

▶ 바람이 조금 차가워졌군요.

▶ 바람 덕분에 빨래가 잘 말랐어요.

▶ 감기로 기침이 멈추질 않아요.

▶ 가족 분이 교통사고를 당했다고 들었는데, 괜찮으셨습니까?

▶ 과장님이 화를 내어도, 나는 아무렇지도 않아.

▶ 그녀는 이해도 상당히 빠르고, 센스가 있어요.

▶ 과장님이 입원했답니다.

▶ 과장님, 말씀하신 도면이 완성되었습니다.

▶ 그녀는 자주 아파서 집에 있습니다.

▶ 무늬 있는 셔츠뿐이군요.

▶ 빌린 책을 잃어버려서, 볼 낯이 없습니다.

▶ 어제 집 근처에서 불이 났습니다.

047 □ きのうから寒気がして、頭痛がしています。

048 □ きのうの額、どこに飾りましたか。

049 □ きのうの書類、目を通してくれた(?)。

050 □ きのうは部長に呼ばれることになってしまって、いい迷惑でした。

051 □ 狂牛病が問題になって、最近はどこに行ってもその話で持ち切りですよ。

052 □ 今日はあいにくの雨ですね。

053 □ 今日はあまり飲まないんですね。

054 □ 今日は晴れたり曇ったりですね。

055 □ 今日もまた遅刻ですね。

056 □ 具合でも悪いんですか。

057 □ 車の運転中眠くなったときは、ガムをかむと気分がすっきりしますよ。

058 □ 今朝、明け方、地震があったね。

059 □ 今朝から体の具合がよくありません。

060 □ 工場を中国に移すそうですよ。

061 □ 紅葉の季節になりましたね。

▶ 어제부터 한기가 들고, 머리가 아픕니다.

▶ 어제 그 액자, 어디에 장식했어요?

▶ 어제 서류, 한번 훑어봤나?

▶ 어제는 부장님께 호출을 당해서, 귀찮았습니다.

▶ 광우병이 문제가 되어, 최근에는 어딜 가나 그 이야기 뿐입니다.

▶ 오늘은 비가 와서 좀 아쉽네요. (하필 오늘 비가 올게 뭐람.)

▶ 오늘은 별로 마시지 않는군요.

▶ 오늘은 맑다 흐리다 하는군요.

▶ 오늘도 또 지각이군요.

▶ 컨디션이라도 나쁜 건가요?

▶ 차 운전 중 졸릴 때는, 껌을 씹으면 기분이 상쾌해져요.

▶ 오늘 아침, 새벽녘에 지진이 났었지.

▶ 오늘 아침부터 몸 컨디션이 좋지 않습니다.

▶ 공장을 중국으로 이전한대요.

▶ 단풍의 계절이 되었군요.

062 □ ご家族はもう飛行機に乗っていますか。

063 □ こちらで、格安航空券も扱っていますか。

064 □ ご都合はいかがですか。

065 □ 今年の夏物商品の売れ行きはいかがですか。

066 □ この家は、もう築30年で、あちこちにがたがきています。

067 □ この子は大人しいね。

068 □ このすいかは甘くておいしいですね。

069 □ この本、10ページから14ページまで抜けているよ。

070 □ この店はいつ来てもがらがらだね。

071 □ 小林さん、パソコンがつけっぱなしになってましたよ。

072 □ ご満足いただけて、幸いです。

073 □ ごめん。今、持ち合わせがないんだ。

074 □ これは日本で人気のある商品だと伺っておりますが。

075 □ 今回の取引はぜひともわたくしどもにやらせていただければありがたいんですが。

076 □ 今度念願の広報部へ配属になりました。

077 □ 今度の企画はうまくいきそうですか。

▶ 가족 분께서는 벌써 비행기를 타셨나요?

▶ 여기에서 할인 항공권도 취급하고 있습니까?

▶ 시간은 괜찮으시겠습니까?

▶ 올해 여름 상품 판매는 어떻습니까?

▶ 이 집은 이미 지은 지 30년으로, 여기저기서 덜거덕거립니다.

▶ 이 아이는 점잖구나.

▶ 이 수박은 달고 맛있군요.

▶ 이 책, 10페이지부터 14페이지까지 빠져 있어.

▶ 이 가게는 언제 와도 텅텅 비어 있네.

▶ 고바야시 씨, 컴퓨터가 켜진 채로 있었어요.

▶ 만족스러우시다니 다행입니다.

▶ 미안. 지금 갖고 있는 돈이 없어.

▶ 이것은 일본에서 인기 있는 상품이라고 들었습니다만.

▶ 이번 거래는 꼭 저희에게 맡겨주시면 고맙겠습니다만.

▶ 이번에 염원하던 홍보부로 배속이 되었습니다.

▶ 이번 기획은 잘 될 것 같습니까?

078 □ 最近、食品添加物の問題が新聞やテレビを賑わせていますね。

079 □ 最近、ちょっとついているんだ。

080 □ 最近にこにこしているけど、何かいいことあったの。

081 □ 最近のペットブームはすごいですね。

082 □ 社長の励ましの一言が、わたしの琴線に触れたからですよ。

083 □ 12月4日から2泊したいんですが、シングルは空いていますか。

084 □ すごいゴミだな。

085 □ すみません、ファックスが届いているはずなんですが。

086 □ すみません、道が渋滞しました。

087 □ そういえば、引っ越しの荷物に「天地無用」というシールがはってありましたね。

088 □ その映画、まだやっていますか。

089 □ その靴、履きやすいですか。

090 □ その服、とても似合ってるね。

091 □ 空がずいぶん暗いですね。

▶ 최근 식품첨가물 문제가 신문이나 텔레비전을 떠들썩하게 하고 있어요.

▶ 요즈음 운이 좋단 말이야.

▶ 요즘 싱글벙글하는데, 무슨 좋은 일이라도 있었어?

▶ 최근 애완동물 붐이 굉장하군요.

▶ 사장님의 격려 한마디가 내 심금을 울렸기 때문이에요.

▶ 12월 4일부터 2박을 하고 싶은데요. 싱글은 비어 있나요?

▶ 엄청난 쓰레기네.

▶ 저기요. 팩스가 와 있을 텐데요.

▶ 죄송합니다. 길이 막혔어요.

▶ 그러고 보니 이삿짐에 「위, 아래를 거꾸로 하지 말 것」이라는 종이가 붙어 있었어요.

▶ 그 영화, 아직 하고 있습니까?

▶ 그 구두 신기 편합니까?

▶ 그 옷 아주 잘 어울리네.

▶ 하늘이 무척 어둡군요.

092 □ それで、曜日は決まりましたか。

093 □ それはいいところを見つけましたね。

094 □ そろそろ朝ですね。

095 □ 第一印象はいかがですか。

096 □ ダイエットをしているんですって(?)。

097 □ だいたい１週間ほどでお届けできると思います。

098 □ だいぶ寒くなりましたね。

099 □ 田中さん、ちょっとよろしいですか。

100 □ 旅先からとんぼ返りで、家にもどってきました。

101 □ ちょっとぶかぶかじゃありませんか。

102 □ 手に汗を握る大接戦に、夢中で応援しました。

103 □ テレビの音が聞こえないんですが。

104 □ 展示会の準備、君のこと当てにしてもいいね。

105 □ どうしてその本を持っていますか。

106 □ どうもはっきりしない天気だな。

107 □ 土曜日も会社があるんですか。

108 □ 取引先に行ったら道が込んでいて遅れそうなんですよ。

- 그래서 요일은 정해졌나요?

- 그거 정말 좋은 곳을 찾았네요.

- 이제 곧 아침이군요.

- 첫인상은 어떻습니까?

- 다이어트를 하신다고 하던데.

- 대개 1주일 정도면 도착할 겁니다.

- 상당히 추워졌네요.

- 다나카 씨, 잠깐 괜찮으세요?

- 여행지에 닿자마자 그 길로, 집으로 돌아왔습니다.

- 좀 헐렁하지 않을까요?

- 손에 땀을 쥐는 대 접전에, 정신 없이 응원했습니다.

- 텔레비전 소리가 안 들리는데요.

- 전시회 준비, 자네를 믿고 있어도 되겠지?

- 어째서 그 책을 갖고 있어요?

- 정말 날씨가 변덕스럽군.

- 토요일도 회사에 갑니까?

- 거래처에 가면 길이 막혀 늦어질 것 같은데요.

109 □ どんなスポーツがすきですか。

110 □ 何かあったんでしょう。

111 □ 何をしてもだめで、むしゃくしゃする。

112 □ 日本ではよくワインが飲まれていますか。

113 □ 値段はどのくらいするんですか。

114 □ 喉が渇きましたね。

115 □ ばら売りもございます。

116 □ 犯人にまちがわれ、みんなが白い目でみているんですよ。

117 □ 久しぶりの上天気ですね。

118 □ 費用は思ったより安く上がりました。

119 □ ファイルは上から2番目の引き出しに入れてあります。

120 □ 部長、ずいぶん機嫌が悪いですね。

121 □ ぽかぽかと、まさに小春日和だ。

122 □ 本社から部品を取り寄せますので、7日ぐらいかかると思います。

123 □ ほんとうに地下鉄は面倒ですね。

124 □ また台風が来るそうですよ。

▶ 어떤 스포츠를 좋아합니까?

▶ 무슨 일이 있었죠?

▶ 뭘 해도 안 되니까 속이 부글부글 끓는다.

▶ 일본에서는 즐겨 와인을 마십니까?

▶ 가격은 어느 정도 하나요?

▶ 목이 마르네요.

▶ 낱개 판매도 합니다.

▶ 범인으로 오인되어 모두 이상한 눈으로 보고 있어요.

▶ 오랜만에 날씨가 좋군요.

▶ 비용은 생각보다 싸게 들었습니다.

▶ 파일은 위에서 두 번째 서랍에 넣어두었어요.

▶ 부장님, 상당히 기분이 상했군요.

▶ 포근한 게 정말 봄날 같네.

▶ 본사에서 부품을 주문해서 가져와야 하니까 7일 정도 걸릴 것 같은데요.

▶ 정말 지하철은 번거롭군요.

▶ 태풍이 또 온답니다.

125 □ まだ使えるのに、捨てるのはもったいないですよ。

126 □ まるで山が燃えているようです。

127 □ 身に覚えがないのに、濡れぎぬを着せられるなんてひどいですね。

128 □ 持ち歩きに便利です。

129 □ 珍しいものがありますね。

130 □ もう、さんざんだったよ。

131 □ もうすぐお見えになると思います。

132 □ もうすっかり秋ですね。

133 □ 夕べ近所で火事がありました。

134 □ ようやく明るい見通しができました。

135 □ よく聞こえません。

136 □ 4組に1組が離婚する時代ですって。

137 □ 例の計画、最近うまくいっているじゃないか。

138 □ レッスンは月3回です。

139 □ わたし、年より老けて見られるんです。

▶ 아직 쓸 수 있는데 버리는 것은 아까워요.

▶ 마치 산이 불타고 있는 듯합니다. (단풍의 풍경)

▶ 마음에 짚이는 데가 없는데, 공연히 의심을 받다니 너무하군요.

▶ 들고 다니기 편리합니다.

▶ 색다른 게 있군요.

▶ 어휴, 엉망진창이었어.

▶ 이제 곧 오실 텐데요.

▶ 벌써 완연히 가을이군요.

▶ 어젯밤 이웃집에서 불이 났습니다.

▶ 겨우 밝은 전망을 할 수 있게 되었습니다.

▶ 잘 안 들려요.

▶ 네 쌍 중 한 쌍이 이혼하는 시대래요.

▶ 전의 그 계획, 요즘 잘 되고 있지?

▶ 수업은 한 달에 세 번입니다.

▶ 저는 나이보다 늙어 보여요.

STEP 12 감탄, 동의, 소감

001 □ あーあ、また失敗しちゃった。

002 □ あっ、しまった。

003 □ あの人はシャレていますね。

004 □ あ、そんなに気を使わなくても。

005 □ あのレストラン、案外おいしかったね。

006 □ あれ、時計が遅れていますね。

007 □ いい映画だったね。久しぶりに感動したよ。

008 □ いいえ、大丈夫です。

009 □ いや、実に惜しかったですね。

010 □ うちの社長、言い出したら聞かないんだから。

011 □ うらやましいですね。

012 □ ええ、あしたの午前中ならいいですよ。

013 □ 岡田さんは頭が切れるって噂ですよ。

014 □ お酒はちょっと。

▶ 아~, 또 실패하고 말았어.

▶ 아, 큰일 났다.

▶ 저 사람, 참 멋있군요.

▶ 아, 그렇게 신경 안 쓰셔도.

▶ 그 레스토랑, 예상외로 음식이 맛있었지?

▶ 저런, 시계가 늦게 가는군요.

▶ 좋은 영화였어. 오랜만에 감동했어.

▶ 아뇨, 괜찮습니다.

▶ 야아, 정말 아까웠어요.

▶ 우리 사장님은 한번 말을 시작하면 (남의 말은) 듣질 않는다니까….

▶ 부럽군요.

▶ 네, 내일 오전 중이라면 괜찮아요.

▶ 오카다 씨는 머리가 비상하다고 소문이 났습니다.

▶ 술은 좀. (거절)

015 □ 帰りのバスの時刻を確かめたら、40分ぐらいしか時間がないんだよ。

016 □ 課長は新入社員に甘いね。

017 □ 格好いいですね。

018 □ 彼は呑み込みが早いんですね。

019 □ がんばってください。

020 □ 気がつきませんでした。

021 □ 期待しております。

022 □ きのうすごく嬉しかったです。

023 □ きのうとても恥ずかしかったんです。

024 □ きのうのパーティーとても楽しかったですよ。

025 □ きのうは本当にすごかったね。

026 □ 急に用事ができたので、友だちの家に子供を預かってもらいました。

027 □ グラスも食器もぴかぴかですね。

028 □ 車の音がうるさいです。

029 □ 結構なものを、ありがとうございました。

030 □ ご親切に助かりました。

▶ 돌아가는 버스 시각을 확인했더니, 40분 정도밖에 시간이 없어.

▶ 과장님은 신입사원한테 후하군.

▶ 잘 생겼군요. (멋지군요.)

▶ 그는 이해력이 빨라요.

▶ 열심히 하세요.

▶ 미처 몰랐습니다.

▶ 기대하고 있겠습니다.

▶ 어제 굉장히 기뻤어요.

▶ 어제 너무 창피했어요.

▶ 어제 파티 아주 즐거웠어요.

▶ 어제는 정말 대단했어.

▶ 갑자기 일이 생겨서 친구 집에 아이를 맡겼습니다.

▶ 유리잔도 식기도 반짝반짝거리는군요.

▶ 차 소리가 시끄럽습니다.

▶ 이렇게 좋은 것을 주시다니 고맙습니다.

▶ 친절 때문에 살았습니다.

031 □ 子供のくせに大人に注意をするなんて、生意気だぞ。

032 □ この辺りの騒音ときたら、日本一じゃないでしょうか。

033 □ この度は、何から何までお世話になり、ありがとうございます。

034 □ この文化センターの講座は結構親しまれているんですよ。

035 □ この辺はずいぶん家が建ってきましたね。

036 □ ご迷惑をおかけしました。

037 □ これ、つまらないものですが、旅行のお土産なんです。

038 □ これはほんの気持ちですが、どうぞ。

039 □ これらの要求が満たされるまで、我々は断固戦う覚悟です。

040 □ さあ、ちょっと分かりませんが。

041 □ さあ、出掛けましょう。

042 □ さすがですね。

043 □ 佐藤さんて感じのいい人ですね。

044 □ 残念ながら、予定の時間が来てしまいました。

045 □ 試合に負けたくらいでへこむなよ。

046 □ しかたないですよ。

▶ 어린애 주제에 어른에게 주의를 주다니, 건방지군.

▶ 이 주변 소음으로 말할 것 같으면 일본에서 가장 심한 곳 아닙니까?

▶ 이번에는 하나부터 열까지 신세만 지고, 정말 감사합니다.

▶ 이 문화센터의 강좌는 사람들에게 꽤 인기가 있어요.

▶ 이 주변은 집이 꽤 지어졌군요.

▶ 폐를 끼쳤습니다.

▶ 이거 별거 아닙니다만, 여행 선물입니다.

▶ 이건 제 성의입니다만, 받아주십시오.

▶ 이들 요구가 충족될 때까지, 우리들은 단호히 싸울 각오입니다.

▶ 글쎄요, 잘 모르겠는데요.

▶ 자, 떠납시다.

▶ 과연 그렇군요.

▶ 사토 씨는 느낌이 좋은 사람이군요.

▶ 아쉽게도 예정된 시간이 되고 말았습니다.

▶ 시합에 진 것 가지고 기죽지 마.

▶ 어쩔 수 없군요.

047 □ 仕事がきつくなってまいった。

048 □ 実は、まだ知り合ったばかりです。

049 □ 冗談はやめてくださいよ。

050 □ しまった。部長に企画書渡すのを忘れちゃった。

051 □ すごいですね。

052 □ 素敵ですね。

053 □ 掃除をしてくれるなんて願ってもないことですよ。

054 □ そうですね。

055 □ そうですね。ごもっともです。

056 □ そうなんですか。

057 □ そのビール、もう生温くなってるじゃないですか。

058 □ それじゃ、お言葉に甘えてちょうだいいたします。

059 □ それは気の毒でしたね。

060 □ それはどうも。ありがとうございます。

061 □ それは待ち遠しいですね。

062 □ そろそろお腹がすきましたね。

063 □ そんなことありません。

▶ 일이 힘들어 죽겠어.

▶ 실은, 아직 알게 된 지 얼마 안 돼요.

▶ 농담은 그만하세요.

▶ 아차, 부장님한테 기획서 드리는 걸 깜박했네.

▶ 대단하군요.

▶ 훌륭하군요. (아주 멋지군요.)

▶ 청소를 해 주다니 생각지도 못한 일이에요.

▶ 그렇군요.

▶ 맞아요. 지당하신 말씀입니다.

▶ 그렇습니까?

▶ 그 맥주, 이제 좀 미지근해지지 않았습니까?

▶ 그럼 호의로 여겨 받겠습니다.

▶ 그거 안됐군요.

▶ 이거 정말 감사합니다.

▶ 그거 기다려지는군요.

▶ 슬슬 배가 고프네요.

▶ 그렇지 않습니다.

064 □ そんなに気を使っていただいては困ります。

065 □ ただ虫が好かないだけだよ。

066 □ だって口も利かないし、そばにも寄らないんじゃない(?)。

067 □ 地球の温暖化に伴って、いろいろな問題が起きています。

068 □ 梅雨なのに、もう雨もふらずに毎日お天気ですね。

069 □ できることはすべてやったよ。後は果報は寝て待てだよね。

070 □ でもあしたは朝早いものですから、今日はこれで失礼します。

071 □ 手を加えてない自然を観察するって、ほかの場所ではなかなか経験できないね。

072 □ 電車の中にかばんを忘れちゃったけど、どうしたらいいですか。

073 □ とんでもありません。

074 □ とんでもないですね。

075 □ 中村さんに任せれば安心ですよ。

076 □ 何から何まで恐縮です。

077 □ なるほどね。

▶ 그렇게 신경을 쓰시면 미안한데요.

▶ 그냥 괜히 주는 거 없이 미운 것 뿐이야.

▶ 그게, 말도 안하고, 곁에도 다가가지 않잖아?

▶ 지구 온난화와 더불어, 여러 가지 문제가 일어나고 있습니다.

▶ 장마인데 이제 비도 안 내리고 매일 날씨가 좋군요.

▶ 할 수 있는 건 다 했어. 남은 일은 차분히 때를 기다리는 거지.

▶ 하지만 내일은 일찍 나가 봐야 해서요. 오늘은 이만 가보겠습니다.

▶ 손을 대지 않은 자연을 관찰한다는 것은, 다른 장소에서는 좀처럼 경험할 수 없잖아.

▶ 전철 안에 가방을 두고 내렸는데 어떻게 하면 좋지요?

▶ 그렇지 않습니다.

▶ 어처구니가 없군요.

▶ 나카무라 씨에게 맡기면 안심입니다.

▶ 하나부터 열까지 일일이 신경을 써 주셔서, 정말 뭐라고 드릴 말씀이 없습니다.

▶ 그렇지. (남의 주장을 긍정하며 맞장구 칠 때)

078 □ なんだかうきうきしていますね。

079 □ 何でもよく知っていますね。

080 □ 日本へはよくいらっしゃるんですか。

081 □ 人間がいっさい手を加えないで、自然をそのままの状態で保護しているからね。

082 □ はあ、そうですか。

083 □ はい、いいですよ。

084 □ はい、結構です。

085 □ はい、かしこまりました。

086 □ 話そうかどうか、ずいぶん迷ったんだけど。

087 □ 晴れてきましたね。

088 □ びっくりさせないでよ。腰が抜けるかと思ったじゃない。

089 □ 部長がよくまとまっているとほめていらっしゃいましたよ。

090 □ プロ級ですね。

091 □ へえ、気が利きますね。

092 □ へえ、そうですか(?)。

093 □ 僕はいちごには目がないんです。

▶ 뭔가 들떠 있군요.

▶ 뭐든지 잘 아는군요.

▶ 일본에는 자주 오십니까?

▶ 인간이 일체 손을 대지 않고, 자연 그대로의 상태로 보호하고 있으니까.

▶ 네, 그러세요? (그렇군요.)

▶ 네, 좋아요. (허락)

▶ 네, 괜찮습니다. / 이제 됐습니다. (사양)

▶ 예, 알겠습니다.

▶ 말할지 말지 무척 망설였는데.

▶ 하늘이 갰네요.

▶ 놀라게 하지 마. 주저 않는 줄 알았잖아.

▶ 부장님이 잘 정리되어 있다고 칭찬하셨어요.

▶ 프로급이군요.

▶ 정말! 눈치가 빠르군요.

▶ 네? 그래요? (놀라움)

▶ 저는 딸기라면 사족을 못 써요.

094 □ ほら。

095 □ ほらほら、わき見しないで。

096 □ 本日はすっかりごちそうになりまして。

097 □ また電車賃が上がりました。

098 □ まだまだです。

099 □ まだよくわかりません。

100 □ まったくね。

101 □ みどりさんはおっとりしていますね。

102 □ 緑はどんどん少なくなっていきますね。

103 □ 息子さんご夫婦とは同居ですか。

104 □ 目が回るほど忙しかったよ。

105 □ もうこんな時間ですか。そろそろ失礼します。

106 □ 申し訳ございません。来週の土曜日の分は全て売り切れですが。

107 □ 夜分、失礼しました。

108 □ 山田さん、風邪を引いて声が出ないんですって。

109 □ 夕べぐっすり寝たので、頭がすっきりしました。

▶ 자 보세요. (상대방의 주의를 환기시키는 소리)

▶ 이봐, 한 눈 팔지 말고.

▶ 오늘 아주 융숭한 대접을 받았습니다.

▶ 또 전철요금이 올랐습니다.

▶ 아직 멀었습니다.

▶ 아직 잘 모르겠습니다.

▶ 정말 그래. (전적인 동의)

▶ 미도리 씨는 성격이 온화하고 느긋하네요.

▶ 숲이 더욱 더 적어지겠군요.

▶ 아드님 부부와는 같이 사십니까?

▶ 눈이 핑핑 돌 정도로 바빴어.

▶ 벌써 시간이 이렇게 됐습니까? 이제 그만 가보겠습니다.

▶ 죄송합니다. 다음 주 토요일 분은 모두 매진입니다만….

▶ 밤늦게 실례했습니다.

▶ 야마다 씨, 감기에 걸려서 목소리가 안 나온대요.

▶ 어젯밤에 푹 잤더니 머리가 맑아졌습니다.

110 □ よかった。チケット取れないかと思ってたよ。

111 □ よくお似合ですね。

112 □ 余計なことかもしれませんが。

113 □ 横浜駅はどう行けばいいんですか。

114 □ 礼金と敷金はそれぞれ家賃の2ヶ月分です。

115 □ 私どもは分かりかねますので。

116 □ 渡辺さんは知らない人とでもすぐ友だちになるんですね。

117 □ 渡辺さんは本当に努力家ですよね。

- ▶ 잘 됐다! 표를 못 구하는 게 아닌가 했는데.

- ▶ 잘 어울리는군요.

- ▶ 쓸데없는 소리인지 모르지만.

- ▶ 요코하마 역은 어떻게 가면 됩니까?

- ▶ 사례금과 보증금은 각각 집세의 2개월 분입니다.

- ▶ 저희는 알 수 없기 때문에….

- ▶ 와타나베 씨는 모르는 사람과도 금세 친구가 되는군요.

- ▶ 와타나베 씨는 정말로 노력파군요.

STEP 13 인사, 비즈니스 일반

001 □ 相変わらずです。

002 □ あいにく席を外しております。

003 □ 明けましておめでとうございます。

004 □ あしたなら都合がいいですが。

005 □ あ、すみません。気をつけます。

006 □ あそこの角を曲がったところです。

007 □ ありがたく使わせていただきます。

008 □ あれっ、ケーキを食べないんですか。

009 □ あれは田中さんじゃないですか。

010 □ あ、悪いけど、急いでるから。

011 □ いいえ、少ししか分かりませんでした。

012 □ いいえ、どういたしまして。

013 □ いいえ、とんでもありません。

014 □ いいえ、とんでもございません。

015 □ いいえ、もう十分です。

- ▶ 여전합니다.

- ▶ 공교롭게도 자리에 없습니다.

- ▶ 새해 복 많이 받으세요.

- ▶ 내일이라면 시간이 되겠습니다만.

- ▶ 아, 죄송합니다. 조심하겠습니다.

- ▶ 저쪽 모퉁이를 돌면 있습니다.

- ▶ 감사하게 사용하겠습니다.

- ▶ 어라, 케이크 안 먹어요?

- ▶ 저 사람, 다나카 씨 아니에요?

- ▶ 아, 미안한데, 급한 일이 있어서.

- ▶ 아뇨, 조금밖에 이해하지 못했어요.

- ▶ 아니요, 천만에요.

- ▶ 아니요, 천만의 말씀입니다.

- ▶ 아니요, 천만에요.

- ▶ 아뇨, 이제 충분합니다.

016 □ いいお天気ですね。

017 □ いえ、たいしたことはありません。

018 □ 1万円お預かりします。

019 □ 一緒にどうですか。

020 □ 行ってまいります。

021 □ いつもお世話になっております。

022 □ 今、出かけておりますが。

023 □ 今物音がしなかった(?)。

024 □ いらっしゃい。どうぞお上がりください。

025 □ いらっしゃいませ。

026 □ 承りました。

027 □ 打ち合わせに参りました。

028 □ 売れ行きはいかがですか。

029 □ うん、さすがですね。

030 □ うん、なるほどね。

031 □ ええ、ちょっとそこまで。

032 □ お忙しいのにすみません。

▶ 날씨가 좋군요.

▶ 아뇨, 별것 아니에요.

▶ 만 엔 받았습니다.

▶ 함께 어떻습니까?

▶ 다녀오겠습니다.

▶ 항상 신세지고 있습니다.

▶ 지금 외출 중인데요.

▶ 지금 무슨 소리 들리지 않았어?

▶ 어서 오십시오. 자 들어오세요.

▶ 어서 오십시오.

▶ 접수해 드렸습니다.

▶ 협의를 하러 왔습니다.

▶ 판매는 어떻습니까?

▶ 응, 역시 (훌륭하군, 대단하다)

▶ 응, 과연 그렇군. (동감)

▶ 네, 잠시 요 앞에 갑니다.

▶ 바쁘신 데 죄송합니다.

033 □ お帰りなさい。

034 □ おかげさまでとても楽しかったです。

035 □ おかげさまで元気にしております。

036 □ お口に合うといいのですが。

037 □ お元気ですか。

038 □ お変わりありませんか。

039 □ お越しくださり、ありがとうございます。

040 □ おごります。

041 □ お寿司の出前お願いします。

042 □ お世話になります。

043 □ 遅くなってすみません。

044 □ 恐れ入ります。

045 □ 恐れ入りますが。

046 □ お互いさまです。

047 □ お電話お借りします。

048 □ お荷物をお持ちしましょう。

049 □ お引き受けします。

- 다녀오셨어요. / 어서 오너라. (귀가한 사람에게 하는 인사말)

- 덕분에 아주 즐거웠어요.

- 덕분에 잘 지내고 있습니다.

- 입에 맞으면 좋겠습니다만.

- 안녕하십니까?

- 별고 없으십니까?

- 찾아주셔서 감사합니다.

- 한 턱 내겠습니다.

- 생선초밥 배달 부탁합니다.

- 신세 좀 지겠습니다.

- 늦어서 미안해요.

- 송구합니다.

- 죄송합니다만.

- 피차일반입니다.

- 전화 좀 쓰겠습니다.

- 짐을 들어드리겠습니다.

- 책임지고 맡겠습니다.

050 □ お久しぶりですね。

051 □ お待たせいたしました。

052 □ お待たせしてすみません。

053 □ お待たせしました。

054 □ お待ちどおさま。

055 □ お招きいただきありがとうございました。

056 □ カード払いでもかまいません。

057 □ カードをお預かりします。

058 □ かさを持ってきてよかったです。

059 □ 風邪はもうよくなりましたか。

060 □ 今日はごちそうさまでした。

061 □ カラオケの用意をしておきます。

062 □ 今日はこれで失礼します。

063 □ 今日は蒸し暑いですね。

064 □ 今日は私がおごらせていただきます。

065 □ 禁煙席がよろしいですか。

066 □ 靴擦れしてかかとがひりひりするんです。

▶ 오랜만입니다.

▶ 오래 기다리셨습니다.

▶ 기다리게 해서 죄송합니다.

▶ 오래 기다리게 했습니다. (죄송합니다)

▶ 기다리셨습니다. (여기 있습니다.)

▶ 초대해 주셔서 감사합니다.

▶ 카드로 지불하셔도 됩니다.

▶ 카드를 받았습니다.

▶ 우산을 가져오길 잘했습니다.

▶ 감기는 이제 다 나았습니까?

▶ 오늘은 잘 먹었습니다.

▶ 노래방 준비를 해 둘게요.

▶ 오늘은 이만 실례하겠습니다.

▶ 오늘은 무더운 날씨군요.

▶ 오늘은 제가 내겠습니다.

▶ 금연석이 좋으십니까?

▶ 구두에 쓸려서 뒤꿈치가 따끔따끔해요.

067 □ けっこうストレスになっています。

068 □ コーヒーおかわりいかがですか。

069 □ ご機嫌いかがですか。

070 □ ご機嫌よう。

071 □ ご苦労様。

072 □ 心行くまでお楽しみください。

073 □ ここには何ができるんですか。

074 □ ご出身はどちらですか。

075 □ 5000円のお返しです。

076 □ ごちそうさまでした。

077 □ ごちそうします。

078 □ こちらが部長の山田です。

079 □ こちらこそ、どうぞよろしくお願いします。

080 □ この漢字、間違っていませんか。

081 □ このクリーム、塗るだけでやせるんだって。

082 □ この度はどうもご愁傷さまです。

083 □ ご無沙汰しております。

- 제법 스트레스를 느낍니다.

- 커피 한 잔 더 하시겠습니까?

- 안녕하십니까?

- 안녕히 가십시오.

- 수고가 많네. 수고해.

- 마음껏 즐기십시오.

- 여기에는 뭐가 생깁니까?

- 출생지는 어디십니까?

- 5천 엔 거슬러 드리겠습니다.

- 잘 먹었습니다.

- 대접하겠습니다. (제가 사드릴게요.)

- 이쪽이 부장인 야마다입니다.

- 저야말로 잘 부탁드리겠습니다.

- 이 한자, 틀리지 않았나요?

- 이 크림 바르기만 하면 살이 빠진대.

- 얼마나 애통하십니까? (문상)

- 그간 별고 없으셨습니까? (오랫동안 격조했습니다)

084 □ ご迷惑をかけてすみません。

085 □ ごめんください。

086 □ ごゆっくり、どうぞ。

087 □ ご予算はいくらですか。

088 □ これからは気をつけます。

089 □ これにしようかな。

090 □ これはどうやって使うんですか。

091 □ これ、ほんの気持ちですが。

092 □ 最近仕事はどうですか。

093 □ 最近習い事をはじめました。

094 □ ささやかなものですが、どうぞ。

095 □ ささやかなものです。どうぞお納めください。

096 □ 残念ですけど。

097 □ 仕事はじめはいつからですか。

098 □ しばらくだね。どうしてる(?)。

099 □ 地味なのはあちらのコーナーにございます。

100 □ じゃ、また明日。

- 폐를 끼쳐서 죄송합니다.

- 실례합니다. (계십니까?)

- 천천히 보세요. (가게)

- 예산은 얼마이신가요?

- 앞으로는 주의하겠습니다.

- 이걸로 할까?

- 이건 어떻게 사용합니까?

- 이것, 약소합니다만. (마음의 표시입니다.)

- 요즘 일은 어떻습니까?

- 최근에 공부를 시작했습니다.

- 별거 아닙니다만, 받아주세요. (선물을 건넬 때)

- 조그마한 것입니다. 부디 받아주십시오.

- 안타깝지만.

- 일은 언제부터입니까?

- 오랜만이야. 어떻게 지내?

- 수수한 것은 저쪽 코너에 있습니다.

- 그럼 내일 또 만나요.

101 □ ずいぶん久しぶりですね。

102 □ 寿司屋は何回目ですか。

103 □ 涼しくなりましたね。

104 □ すみません、ここ空いていますか。

105 □ すみません、気がつきませんでした。

106 □ すみません。初めてなんですが。

107 □ せっかくですが。

108 □ 先日は、ありがとうございました。

109 □ 先日は、ごちそうさまでした。

110 □ 先日は、どうもありがとうございました。

111 □ そういうのはちょっと。

112 □ そうですか。それはよかった。

113 □ そうですか。たいへんですね。

114 □ その後お変りございませんか。

115 □ それがなかなかうまくいかないんです。

116 □ それじゃ、お言葉に甘えて。

117 □ それでは、これで失礼します。

▶ 꽤 오래간만이군요.

▶ 초밥 집은 몇 번째죠?

▶ 서늘해졌군요.

▶ 실례합니다. 여기 비어있습니까?

▶ 죄송합니다. 미처 몰랐습니다.

▶ 미안합니다. 처음입니다만.

▶ 모처럼인데, 죄송해서 어쩌죠. (제안을 거절할 때)

▶ 일전에는 고마웠어요.

▶ 일전에는 대접 잘 받았어요.

▶ 일전에는 대단히 감사했습니다.

▶ 그런 건 좀….

▶ 그래요? 그거 잘됐네요.

▶ 그래요? 큰일이군요.

▶ 그 후 별고 없으십니까?

▶ 그게 좀처럼 잘 안 됩니다.

▶ 그럼, 사양하지 않겠습니다. (그렇게 말씀하시니….)

▶ 그럼 이만 실례하겠습니다.

118 □ それはおめでとうございます。

119 □ それはたいしたものですね。

120 □ それは努力次第です。

121 □ そんなに気を落とさないでください。

122 □ そんなに気を使わないでください。

123 □ たいしたことない。

124 □ だいぶ暖かくなってきましたね。

125 □ たいへん失礼いたしました。

126 □ たいへん申し訳ございません。

127 □ 助かるよ。

128 □ ただいま、お話中ですが。

129 □ ただ今、会議中でございます。

130 □ ただいま、ほかの電話に出ております。

131 □ 違いますよ。

132 □ ちょっと一息入れましょうか。

133 □ ちょっと多いですね。

134 □ ちょっとお伺いしたいことがあるんですが。

- ▶ 그거 축하합니다.
- ▶ 그거 대단한 일이군요.
- ▶ 그것은 노력하기 나름입니다.
- ▶ 그렇게 실망하지 마세요.
- ▶ 그렇게 신경 쓰지 않으셔도 되는데.
- ▶ 별거 아니야. (대단치 않아.)
- ▶ 제법 따뜻해졌군요.
- ▶ 대단히 실례했습니다.
- ▶ 대단히 죄송합니다.
- ▶ 너무 고마워.
- ▶ 지금 통화 중입니다만.
- ▶ 지금 회의 중입니다.
- ▶ 지금 다른 전화를 받고 있습니다.
- ▶ 아닙니다. (틀립니다.)
- ▶ 잠깐 쉴까요?
- ▶ 약간 많군요.
- ▶ 잠깐 여쭤볼 게 있는데요.

135 □ ちょっとおじゃましてもいいですか。

136 □ ちょっとコンビニに行ってきます。

137 □ ちょっと食べてみてもいいですか。

138 □ 都合がいいんですが。

139 □ 手帳らしいものは何もありませんが。

140 □ では、そろそろ失礼いたします。

141 □ 電車は、まだありますか。

142 □ どうかしたんですか。

143 □ どうしました(?)。

144 □ どうぞ、足を崩してください。

145 □ どうぞ、お上がりください。

146 □ どうぞ、お先に。

147 □ どうぞ、お楽に。

148 □ どうぞ、ご遠慮なく。

149 □ どうぞ楽にしてください。

150 □ どうもご馳走さまでした。

151 □ どうも先日はお世話になりました。

▶ 잠시 실례해도 되겠습니까?

▶ 잠깐 편의점에 다녀올게요.

▶ 좀 먹어봐도 됩니까?

▶ 시간을 낼 수 있습니다만.

▶ 수첩 같은 것은 아무 것도 없습니다만.

▶ 그럼, 이만 가보겠습니다.

▶ 전철은 아직 있습니까?

▶ 무슨 일입니까?

▶ 어디가 아프세요?

▶ 자, 편하게 앉으세요.

▶ 어서 들어오세요.

▶ 어서, 먼저. (하세요)

▶ 편하게 하세요. / 편하게 앉으세요.

▶ 부디 사양하지 마세요.

▶ 편히 앉으세요. / 편히 쉬세요.

▶ 정말 잘 먹었습니다.

▶ 정말 일전에는 신세 많이 졌습니다.

152 □ どちらがよろしいでしょうか。

153 □ どちら様(さま)でしょうか。

154 □ どちらさまでいらっしゃいますか。

155 □ どちらにお泊(と)まりですか。

156 □ どちらになさいますか。

157 □ とんでもないですね。

158 □ 何(なに)かお探(さが)しですか。

159 □ 何(なに)もお構(かま)いできませんで。

160 □ 荷物(にもつ)はここでお預(あず)かりします。

161 □ はい、お電話代(でんわか)わりました。

162 □ はい、かしこまりました。

163 □ はい、ちょうどです。

164 □ はじめまして。

165 □ 半額(はんがく)で提供(ていきょう)いたしております。

166 □ 冷(ひ)え込(こ)みますね。

167 □ 日(ひ)が短(みじか)いですね。

168 □ プレゼント用(よう)に包(つつ)んでください。

- ▶ 어느 쪽이 더 좋으세요?
- ▶ 누구십니까?
- ▶ 어느 분이십니까?
- ▶ 어디에 묵으십니까?
- ▶ 어느 쪽으로 하시겠습니까?
- ▶ 어처구니가 없군요.
- ▶ 뭔가 찾으시는 게 있습니까?
- ▶ 아무 것도 대접해 드리지 못해서.
- ▶ 짐은 이곳에서 보관하겠습니다.
- ▶ 네, 전화 바꿨습니다.
- ▶ 예, 잘 알겠습니다.
- ▶ 네, 정확합니다.
- ▶ 처음 뵙겠습니다.
- ▶ 절반 가격으로 제공해 드리고 있습니다.
- ▶ 추워졌군요.
- ▶ 해가 짧아졌어요.
- ▶ 선물용으로 포장해 주세요.

169 ☐	ほんとうにお世話になりました。
170 ☐	ほんとうに今日はごちそうさまでした。
171 ☐	本当に助かりますよ。
172 ☐	本当に頼りになる人です。
173 ☐	まだ買うかどうか決めていません。
174 ☐	また今度誘ってください。
175 ☐	またどうぞお越しくださいませ。
176 ☐	もう売り切れてしまいました。
177 ☐	もうおわかりになりましたか。
178 ☐	申し訳ありません。
179 ☐	もう少し詰めてください。
180 ☐	目的地まであとどのくらいですか。
181 ☐	もっと気長に見守ってください。
182 ☐	もっとゆっくりしていってください。
183 ☐	ようこそ。
184 ☐	よくいらっしゃいました。ゆっくりしていってくださいね。

- 정말 신세 많이 졌습니다.
- 오늘은 정말 잘 먹었습니다. (대접받았을 때)
- 정말 도움이 많이 돼요.
- 정말 믿음직한 사람입니다.
- 아직 구입할지 말지 정하지 않았습니다.
- 다음에 또 불러 주세요.
- 또 오십시오.
- 벌써 다 팔려 버렸습니다.
- 이제 이해가 되셨습니까?
- 죄송합니다.
- 좀 더 다가서[다가앉아] 주세요.
- 목적지까지 앞으로 얼마나 걸려요?
- 좀 더 느긋하게 지켜 봐 주세요.
- 좀 더 천천히 계시다 가세요.
- 환영합니다. / 잘 오셨습니다.
- 잘 오셨습니다. 천천히 놀다 가세요.

185 □ よく降りますね。

186 □ よし、これでいこう。

187 □ よほどうれしかったんですね。

188 □ 喜んで。

189 □ ラッシュアワーは何時ごろですか。

190 □ 両替お願いします。

191 □ わざわざお送りくださらなくても…。

192 □ わざわざお出迎えありがとうございました。

193 □ 私が払います。

194 □ 私はどこでもかまいません。

195 □ 割り勘にしましょう。

▶ 비가 잘도 오는군요.

▶ 좋아. 이 방법으로 하자!

▶ 어지간히 기뻤나 봅니다.

▶ 기꺼이.

▶ 러시아워는 몇 시쯤입니까?

▶ 환전을 부탁합니다.

▶ 일부러 보내주시지 않아도 되는데….

▶ 일부러 마중 나와 주셔서 감사합니다.

▶ 제가 내겠습니다.

▶ 저는 어디라도 상관없습니다.

▶ 각자 내기로 하지요.

130점 더 올려주는
JPT 회화표현 1400
가나다순

STEP 1

가능, 희망, 의향

001 ☐ 4시까지 올 수 있을 것 같습니까?

002 ☐ 가고 싶은 마음이야 굴뚝같습니다만.

003 ☐ 가구 매장은 8층입니다.

004 ☐ 가까운 시일 내에 다시 연락 드리겠습니다.

005 ☐ 가는 김에 엽서를 부쳐주시겠습니까?

006 ☐ 가능하면 가까운 시일 내에 다시 뵙고 싶습니다만.

007 ☐ 가능하면 한 시간 일찍 집에 가고 싶은데요.

008 ☐ 가능하면 휴가를 얻고 싶습니다만.

009 ☐ 간신히 할 수 있는 정도로는 곤란합니다.

010 ☐ 갑자기 볼일이 생겨, 갈 수 없게 되었습니다.

011 ☐ 건전지 두 개만 사다 줄래?

012 ☐ 견본은 항공편으로 보내 드리겠습니다.

013 ☐ 결혼식 축사를 부탁드릴 수 있을까요?

014 ☐ 골프는 자주 하십니까?

015 ☐ 골프를 칠 수 있습니까?

- 4時までに来られそうですか。

- 行きたいのはやまやまなんですが。

- 家具売り場は8階でございます。

- 近いうちに、改めてご連絡いたします。

- ついでに葉書を出してくれませんか。

- できましたら、近いうちにまたお会いしたいんですが。

- できれば、時間、早く帰らせていただきたいんですが。

- できれば休みを取らせていただきたいんですが。

- かろうじてできるという程度では困るんです。

- 急に用事ができて、行けなくなっちゃったんです。

- 乾電池2本買ってきてくれない。

- 見本は航空便でお送りいたします。

- 結婚式の祝辞をお願いできないでしょうか。

- ゴルフはよくなさいますか。

- ゴルフをすることができますか。

016 ☐ 공교롭게도 야마다는 외출 중입니다.

017 ☐ 괜찮으시다면 저녁 식사라도 함께 하시지 않겠습니까?

018 ☐ 국수 집에 배달을 시킬 건데.

019 ☐ 귀중품은 프런트에서 보관해 드립니다만.

020 ☐ 그것 잠깐 보여주실 수 있습니까?

021 ☐ 그게, 좀처럼 시간을 낼 수 없어서.

022 ☐ 그런 일이 가능할 리가 없잖아요?

023 ☐ 그럼, 메시지를 부탁 드리고 싶습니다만.

024 ☐ 그럼, 볼 수 있습니까?

025 ☐ 그렇게 해 주시면 대단히 고맙겠습니다.

026 ☐ 기운을 잃지 마시고 힘내세요.

027 ☐ 기입해 주시겠습니까?

028 ☐ 기자회견 시간을 알고 싶어요.

029 ☐ 남은 것을 싸 가지고 갈 수 있나요?

030 ☐ 늦었으니까, 그만 가보겠습니다.

031 ☐ 다름 아닌 마에다 씨의 부탁이니 거절할 수가 없군요.

- あいにく山田は外出しております。
- よろしかったら、夕食でもご一緒にいかがですか。
- おそば屋さんに出前を頼むんだけど。
- 貴重品はフロントでお預かりしますが。
- それちょっと見せてもらってもいいですか。
- いや、なかなか時間が取れなくて。
- そんなことできるわけがないじゃないですか。
- では、ご伝言をお願いしたいのですが。
- では、拝見できますか。
- そうさせていただければありがたく思います。
- お気を落とさずに頑張ってください。
- ご記入いただけますか。
- 記者会見の時間を知りたいんですが。
- 残りを持ち帰りにできますか。
- 遅くなりましたので、そろそろ失礼します。
- ほかならぬ前田さんの頼みとあっては、断るわけにはいきませんね。

032 □ 다음 주의 여행이 몹시 기다려지네.

033 □ 대단한 양도 아니고, 급하지도 않으니까.

034 □ 더운데 긴 팔 소매에 장갑을 끼고 있습니까?

035 □ 딸이 늘 신세 많이 지고 있습니다.

036 □ 만장일치로 불만 없이 결정되었어.

037 □ 많이 기다리게 해서 죄송합니다.

038 □ 메뉴를 정하셨습니까?

039 □ 몇 번이나 메일을 보냈는데, 안 봤어?

040 □ 목욕물이 데워졌어요. 누군가 목욕을 해요.

041 □ 물 한 잔 주실래요?

042 □ 뭐라고 감사의 말씀을 드려야 할지 모르겠습니다.

043 □ 벌써 시간도 늦었고 오늘은 이만 실례하겠습니다.

044 □ 비용은 이쪽에서 부담할 테니까, 준비를 그쪽에서 해 주실 수 있겠습니까?

045 □ 비자를 받지 않아도 입국할 수 있습니까?

046 □ 사양 말고 드십시오.

047 □ 사진을 찍어 주시겠습니까?

▶ 来週の旅行が待ち遠しいね。

▶ たいした量じゃないし、急いでないから。

▶ 暑いのに長袖に手袋ですか。

▶ いつも娘がお世話になっております。

▶ 満場一致で文句なく決まったよ。

▶ お待たせして申し訳ございません。

▶ お決まりになりましたでしょうか。

▶ 何度もメールを送ったのに、見なかった(?)。

▶ おふろのお湯が沸きましたよ。だれか入りなさい。

▶ お冷やいっぱいもらえますか。

▶ なんとお礼を言っていいのかわかりません。

▶ もう遅くなりましたので、今日はこれで失礼します。

▶ 費用はこちらが持ちますから、準備をそちらでやっていただけないでしょうか。

▶ ビザを取らなくても入国できますか。

▶ 遠慮しないで召し上がってください。

▶ 写真を撮っていただけませんか。

048 ☐ 소개하겠습니다. 이쪽은 오가와 씨입니다.

049 ☐ 신용카드는 사용할 수 있나요?

050 ☐ 실은 몸 상태가 안 좋아져서.

051 ☐ 아니. 아직 마음이 흔들리고 있는 것 같아.

052 ☐ 아이를 키우기가 힘들군요.

053 ☐ 아파트는 어떤 방 배치를 원하십니까?

054 ☐ 역은, 곧장 가면 오른쪽에 있어요.

055 ☐ 연락 주시겠습니까?

056 ☐ 오늘 일기예보는 빗나갔네.

057 ☐ 오늘은 바빠서 송별회에 못 갑니다.

058 ☐ 오늘은 제가 지불하겠습니다.

059 ☐ 요즘 어떤 책을 읽었습니까?

060 ☐ 이 서류, 잘 모르겠는데요, 작성법을 가르쳐 주시겠어요?

061 ☐ 이 가방, 2000엔만 더 있으면 살 수 있는데.

062 ☐ 이 용지에 기입해 주시겠습니까?

063 ☐ 이 짐을 내일까지 맡아줄 수 있습니까?

- ご紹介します。こちらは小川さんです。
- カードは使えますか。
- 実は、体調が悪くなりまして。
- いや、まだ、気持ちは揺れているみたいだよ。
- 子どもを育てるのは大変ですね。
- アパートはどんな間取りをご希望ですか。
- 駅なら、まっすぐ行くと右側にありますよ。
- ご連絡いただけますか。
- 今日の天気予報は外れだ。
- 今日は忙しくて、送別会には行けません。
- 今日は私に払わせてください。
- 最近、どんな本を読みましたか。
- この書類、ちょっとわからないんですけど、書き方を教えていただけませんか。
- このかばん、あと円あれば買えるんだけど。
- こちらの用紙にご記入いただけますか。
- この荷物を明日まで預ってもらえますか。

064 □ 이거 드라이클리닝 할 수 있어요?

065 □ 이번 거래, 부장님께서도 한 말씀 거들어 주실 수 없을까요?

066 □ 이번에는 당일치기로 다녀오겠습니다.

067 □ 이사하는 날에 비가 안 오면 좋겠는데.

068 □ 이쪽에서 기다려 주시겠습니까?

069 □ 일하시는 중에 죄송합니다만, 잠깐 시간 좀 내주실 수 있겠어요?

070 □ 자, 앉으세요. 지금 차를 내올 테니까요.

071 □ 자리는 어디로 준비할까요?

072 □ 잠깐 에어컨을 꺼 주시겠어요?

073 □ 잠깐 일본어로 번역을 해 주었으면 합니다만.

074 □ 잠시 기다려 주시겠습니까?

075 □ 잠시 의견을 들려주셨으면 합니다만.

076 □ 잠시 의논하고 싶은 일이 있습니다만.

077 □ 잠시 책을 빌려주시겠습니까?

078 □ 저 사람은 말을 잘해서 100% 신용할 수가 없어.

079 □ 저, 이 옷 입어보고 싶은데요….

- これドライクリーニングできますか。
- 今度の商談、部長からも一言口を添えていただけませんか。
- 今回は日帰りで行ってきます。
- 引っ越しの日に雨が降らなければいいんですが。
- こちらでお待ちいただけますか。
- お仕事中すみませんが、少し時間をいただけますか。
- どうぞ、おかけください。今、お茶を入れますから。
- お席の方はどちらをご用意しましょうか。
- ちょっとクーラーを切っていただけますか。
- ちょっと日本語に翻訳してほしいんですけど。
- 少々お待ちいただけますか。
- ちょっと意見を聞かせてほしいんですけど。
- ちょっと相談したいことがあるんですが。
- ちょっと本を貸していただけませんか。
- あの人は口がうまいから、%信用できないね。
- ちょっと、この服、着てみたいんですが……

080 ☐ 저기요, 환전해 주시겠습니까?

081 ☐ 전부터 먹고 싶었습니다.

082 ☐ 점심식사는 무엇으로 하시겠습니까?

083 ☐ 조만간 저 두 사람은 결혼하겠지.

084 ☐ 좀 더 깎아줄 수 없나요?

085 ☐ 좀 더 천천히 말씀해 주시겠습니까?

086 ☐ 좀 도와줄 수 있어요?

087 ☐ 좀처럼 시간을 낼 수 없어서.

088 ☐ 죄송하지만, 수요일까지 서류를 보내드린다고 전해주실 수 있겠습니까?

089 ☐ 죄송하지만, 이거 다시 포장해 주시면 안 될까요?

090 ☐ 죄송하지만, 조금 사이를 좁혀 주실 수 없을까요?

091 ☐ 주문한 물건이 도착하는 것은 언제입니까?

092 ☐ 주문한 물건이 아직 오지 않았는데요.

093 ☐ 주문해 줄 수 있습니까?

094 ☐ 준비는 잘 되어갑니까? (문제 없습니까?)

095 ☐ 중요한 서류를 잃어버렸습니다.

- すみません、両替していただけますか。
- 前から食べたいと思っていました。
- お昼は何になさいますか。
- おそかれはやかれ、あの二人は結婚するね。
- もうちょっと負けてもらえませんか。
- もう少しゆっくり話していただけますか。
- ちょっと手伝ってもらえますか。
- なかなか時間が取れなくて。
- すみませんが、水曜日までに書類を届けると伝えていただけませんか。
- すみませんが、これ、包みなおしてもらえませんか。
- すみません、ちょっと詰めていただけますか。
- 注文したものが届くのはいつですか。
- 注文したものがまだ来ないんですけど。
- 取り寄せていただくことはできますか。
- 準備の方は大丈夫ですか。
- 大事な書類を無くしてしまいました。

096 ☐ 즐거운 시간을 보냈습니다.

097 ☐ 지금 도쿄 역 2번 출구에 있어요.

098 ☐ 차를 좀 주시겠습니까? (차 한 잔 주시겠어요?)

099 ☐ 토요일에 야구 보러 가지 않을래요?

100 ☐ 폐를 끼쳐 드려서 죄송합니다.

101 ☐ 포인트 카드를 이용하셔서, 700엔 할인됩니다.

102 ☐ 회의실, 4시까지 비워주실 수 있겠습니까?

▶ 楽しいひとときを過ごさせていただきました。

▶ 今、東京駅の 番出口にいます。

▶ お茶を入れていただけませんか。

▶ 土曜日に野球を見に行きませんか。

▶ ご迷惑をおかけして申し訳ございませんでした。

▶ ポイントカードのご利用で、 円割引になります。

▶ 会議室、4時までに空けていただけますか。

STEP 2 강제, 요구, 경험

001 □ 3시 약속이니까 15분 전까지는 꼭 와 주세요.

002 □ 3천 엔, 확인해 주십시오.

003 □ 가능하면 달러 결제로 부탁합니다.

004 □ 계산은 저쪽에서 부탁합니다.

005 □ 골프대회, 부장님도 함께 어떠세요?

006 □ 교통비는 내가 낼 테니까 대신 가 주세요.

007 □ 구두를 벗지 말고, 그대로 들어오세요.

008 □ 그 오케스트라의 연주를 들은 적이 있습니까?

009 □ 그 짐, 무거워 보이는데 들어 드릴까요?

010 □ 그것은 다시 말해, 내일 회의에서 보고할 다른 사람을 찾아야 한다는 말이군요.

011 □ 그냥 가져가십시오.

012 □ 그럼 천천히 보십시오.

013 □ 그럼, 나중에 다시 전화 드리겠습니다.

014 □ 그럼, 돌아오시면 전화 주시라고 전해 주세요.

- 3時の約束ですから、15分前までには必ずきてください。
- 3千円、ご確認ください。
- できればドル建てでお願いします。
- お支払いはあちらでお願いします。
- ゴルフ大会に部長もご一緒にいかがですか。
- 交通費は私がもつから、代わりに行ってください。
- 靴を脱がないで、そのままお入りください。
- そのオーケストラの演奏を聞いたことがありますか。
- その荷物重そうですから、お持ちしましょうか。
- ということは、明日の会議で報告をする代わりの人を探さなければならないということですね。
- どうぞ、ご自由にお持ちください。
- どうぞ、ごゆっくりご覧ください。
- それでは、またのちほどお電話いたします。
- では、お帰りになりましたら、お電話をくださるようにお伝えください。

015 □ 그럼, 말씀 좀 전해 주세요.

016 □ 그럼, 바로 전화 주시라고 전해 주세요.

017 □ 그럼, 바로 전화를 해 주셨으면 합니다만.

018 □ 그럼, 이 상품은 어떠세요?

019 □ 그럼, 하루만이라도 괜찮은지, 전화로 물어볼래?

020 □ 그렇게 어려워하지 말고 편히 앉으세요.

021 □ 그렇다면 저 책을 빌려 주세요.

022 □ 금액을 확인하시고, 사인 부탁 드립니다.

023 □ 기꺼이 찾아 뵙겠습니다.

024 □ 기장을 줄여 주시겠어요?

025 □ 꼭 제가 가지 않으면 안 되나요?

026 □ 나중에 다시 전화 드릴게요.

027 □ 낫또를 먹어 본 적이 있습니까?

028 □ 내일은 아침 6시 반까지 출근하도록 하세요.

029 □ 다음 번 말입니다만, 언제 오실 수 있습니까?

030 □ 담당자에게 연결해 드리겠습니다. 잠시만 기다려 주세요.

031 □ 돌아가는 방향이 같으니까 합승해도 될까요?

- では、伝言をお願いします。
- では、折り返しお電話くださるよう、お伝えください。
- では、折り返しお電話をいただきたいんですが。
- では、こちらの商品はいかがですか。
- じゃ、1日だけでもいいかどうか、電話で聞いてみる(?)。
- そんなにかしこまらないで足を崩してください。
- それなら、あの本を貸してください。
- 金額をご確認の上、サインをお願いします。
- 喜んで伺います。
- 丈を詰めていただけますか。
- かならず私が行かなければなりませんか。
- また、後でおかけしますので。
- 納豆を食べたことがありますか。
- 明日の朝、6時半までに出社してください。
- 次回ですが、いつ来られますか。
- 係りのものにおつなぎします。少々お待ちください。
- 帰りの方向が同じだから相乗りさせてもらっていいですか。

032 ☐ 따로 따로 포장해 주세요.

033 ☐ 무엇이든지 먹고 싶은 것을 대접하겠습니다.

034 ☐ 바쁘니까 꾸물거리지 말고 빨리 좀 해 주세요.

035 ☐ 바쁜 것 같군요. 도와 드릴까요?

036 ☐ 반드시 본인이 가서 수속을 하지 않으면 안 됩니까?

037 ☐ 반품하고 싶은데요.

038 ☐ 보고서는 언제까지 만들면 좋을까요?

039 ☐ 부상을 아랑곳하지 않고 완주했다고 합니다.

040 ☐ 사장님께 안부 전해달라고 했습니다.

041 ☐ 사전은 대출이 안 되므로 관내에서 이용하십시오.

042 ☐ 산적한 문제를 정리하지 않으면 안 된다.

043 ☐ 상품이 도착한 후에 대금을 입금해도 될까요?

044 ☐ 새로 생긴 가게에 가 볼까?

045 ☐ 소프트웨어 계산은 1층 계산대에서 해 주세요.

046 ☐ 수고스러우시겠지만, 서명, 날인한 후에 반송해 주십시오.

047 ☐ 수업 중에 잡담은 하지 마세요.

048 ☐ 시에서는 도서관을 좀 더 이용해 주기를 호소하고 있습니다.

- 別々に包装してください。
- 何でも、食べたいものご馳走します。
- 忙しいからぐずぐずしていないで手早くしてくださいよ。
- 忙しそうですね。お手伝いしましょうか。
- 必ず本人が行って手続きをしなければならないんですか。
- 返品したいんですけど。
- 報告書はいつまでに作ったらよろしいでしょうか。
- けがをものともせずに走り抜いたそうです。
- 社長によろしくとのことでした。
- 辞書は貸し出しができないので、館内でご利用ください。
- 山積みの問題を片付けなければならない。
- 商品が到着してから代金を振り込んでもいいですか。
- 新しくできた店に行ってみようか。
- ソフトのお会計は1階のレジでお願いいたします。
- お手数ですが、署名、捺印の上、ご返送ください。
- 授業中は私語は止めてください。
- 市では図書館をもっと利用して欲しいと呼びかけています。

049 ☐ 식사는 뭘로 하시겠습니까?

050 ☐ 실수를 두 번 다시 반복하지 않도록 명심해야 합니다.

051 ☐ 아내가 졸라대는 바람에 차를 사기로 했습니다.

052 ☐ 야마다 씨는 본고장의 파인애플을 먹어 본 적이 있습니까?

053 ☐ 어서 사용하세요.

054 ☐ 어느 정도 크기를 찾으십니까?

055 ☐ 어두워서 잘 안 보입니다. 불을 켜 주세요.

056 ☐ 언제라도 불러 주세요. (권유)

057 ☐ 여기는 금연으로 되어 있어요.

058 ☐ 여기다가 맛있는 케이크라도 있다면 더할 나위 없겠네요.

059 ☐ 역까지 오거든 전화 주세요.

060 ☐ 오늘 중으로 끝내지 못하면 곤란합니다.

061 ☐ 오늘, 다 같이 식사할 건데 안 오시겠어요?

062 ☐ 오늘은 생선초밥을 먹지 않을래요?

063 ☐ 왜 이 후보를 응원하고 있습니까?

064 ☐ 요트를 탄 적이 있습니까?

065 ☐ 유감이지만, 사정이 사정인지라 어쩔 수가 없네요.

- お食事は何になさいますか。
- まちがいを二度とくり返さないように肝に銘じるべきですよ。
- 妻にせがまれて車を買うことにしました。
- 山田さんは本場のパイナップルを食べたことがありますか。
- どうぞ、お使いください。
- どのくらいの大きさのをお探しですか。
- 暗くてよく見えません。電気をつけてください。
- いつでも声をかけてください。
- ここは禁煙になっていますよ。
- これにおいしいケーキでもあったら言うことないですね。
- 駅まできたら、お電話ください。
- 今日中に済せてもらわないと困りますよ。
- 今日みんなで食事をするんだけどいらっしゃいません(?)。
- 今日はお寿司にしませんか。
- どうしてこの候補者を応援しているんですか。
- ヨットに乗ったことがありますか。
- 残念ですが、事情が事情なのでやむをえませんね。

066 ☐ 이 과자 좀 더 있나요?

067 ☐ 이 레스토랑에서는 뭐가 먹을 만한가요?

068 ☐ 이 모양으로 좀 더 큰 것은 없습니까?

069 ☐ 이 물은 마시지 마세요.

070 ☐ 이 볼펜 써도 됩니까?

071 ☐ 이 소포를 오가와 씨 댁으로 우송해 주세요.

072 ☐ 이 일은 저에게 시켜 주십시오.

073 ☐ 이 자원 봉사 일, 야마다 씨도 해 보지 않겠어요?

074 ☐ 이거 별거 아닙니다만, 받으세요. (선물을 건넬 때)

075 ☐ 이것과 똑같은 것을 찾고 있는데요.

076 ☐ 이런 건 어떠세요?

077 ☐ 이런 색상은 어떠세요?

078 ☐ 이번 건은 와타나베 씨에게 처리해달라고 했습니다.

079 ☐ 이번 주 토요일에 드라이브하지 않을래요?

080 ☐ 이번 주 토요일에 저희 집에서 저녁식사라도 어떻습니까?

081 ☐ 이번달 연구회에 참가하지 않을래요?

082 ☐ 이시다라고 하는데요. 야마다 씨 부탁해요.

- このお菓子、もう少しありませんか。
- このレストランでは何がお勧めですか。
- この形で、もう少し大きいのはありませんか。
- この水は飲まないでください。
- このボールペン、使ってもいいですか。
- この小包を小川さんのところに郵送してください。
- この仕事はわたしにやらせてください。
- このボランティアの仕事、山田さんもやってみませんか。
- これつまらないものですが、どうぞ。
- これと同じものを探してるんですけど。
- これなんかいかがですか。
- この色などはいかがですか。
- 今度の件は渡辺さんに処理してもらいました。
- 今週の土曜日にドライブしませんか。
- 今度の土曜日、うちで夕食でもどうですか。
- 今月の研究会に参加しませんか。
- 石田と申しますが、山田さんお願いします。

083 □ 이쪽으로 앉으세요.

084 □ 이쪽을 보아 주십시오.

085 □ 일단 먹기나 해 보세요. (상대방이 먹기를 꺼려할 때)

086 □ 일본에서는 아직 운전해 본 적이 없어요.

087 □ 자, 슬슬 출발할까요?

088 □ 자, 어서 들어오세요.

089 □ 자, 차를 드세요.

090 □ 작년의 실수를 되풀이 하지 않도록, 연습에 힘을 쏟아야만 합니다.

091 □ 작아진 옷, 가져갈래?

092 □ 잘 알아들을 수가 없네요. 좀 더 천천히 말해 주세요.

093 □ 잠시만 기다려 주십시오.

094 □ 잠시만 기다려 주십시오.

095 □ 저기요, 이거 사용법 좀 가르쳐 주실래요?

096 □ 전화 왔었다고 전해 주시겠습니까?

097 □ 전화가 감이 멀어요. 좀 더 큰소리로 말해 주세요.

098 □ 전화번호를 쓰지 않으면 안 됩니까?

099 □ 접객업 이외의 시간제 일을 찾고 있는데요.

- こちらにお掛けください。

- こちらをご覧ください。

- 食べるだけ食べてみてください。

- 日本ではまだ運転したことがないんです。

- じゃ、そろそろ出発しましょうか。

- さあ、どうぞ、お入りください。

- どうぞ、お茶を召し上がってください。

- 去年の二の舞を演じないように、練習に力を入れるべきですよ。

- お下がり、もらってくれる(?)。 (お下がり:작아진옷)

- ちょっと聞き取れません。もう少しゆっくり話してください。

- 少々お待ちくださいませ。

- 少々お待ちください。

- すみません。これの使い方を教えてもらえますか。

- 電話があったとお伝えくださいませんか。

- 電話が遠いですね。もっと大きい声でお願いします。

- 電話番号を書かなければなりませんか。

- 接客業意外のパートの仕事を探しているんですが。

100 ☐ 접수처에 물어보십시오.

101 ☐ 정부는 그 문제에 대해 신속히 손을 써야 합니다.

102 ☐ 정좌하고 있으면 다리가 저립니다. 어서 편히 앉으세요.

103 ☐ 조심해서 걸으세요.

104 ☐ 좀 더 싸게 안 돼요?

105 ☐ 좀 더 천천히 말씀해 주시겠어요?

106 ☐ 좀 더 천천히 말해 주세요.

107 ☐ 좀 빌려줄 수 있어?

108 ☐ 좀 추우니까 창문을 닫아 주시겠습니까?

109 ☐ 좀처럼 실력이 늘지 않아요.

110 ☐ 죄송하지만, 구체적인 예를 들어주시지 않겠습니까?

111 ☐ 죄송하지만, 셔터 좀 눌러 주시겠습니까?

112 ☐ 죄송하지만, 앙케이트 부탁 드려도 되겠습니까?

113 ☐ 주문하십시오.

114 ☐ 주스를 좀 사오지 않을래?

115 ☐ 중요한 용건이 있으면 알려 주세요.

116 ☐ 천 엔짜리로 바꿔 주세요.

- 受付でお聞きになってください。
- 政府はその問題について速やかに手を打つべきですよ。
- 正座していると足がしびれますよ。どうぞ、足を崩してください。
- 気をつけて、歩いてください。
- もうちょっと安くなりませんか。
- もっとゆっくりお話しいただけませんか。
- もう少しゆっくり話してください。
- ちょっと貸してもらってもいい(?)。
- 少し寒いから、窓を閉めてくださいませんか。
- なかなか腕が上がらないんですよ。
- すみませんが、具体的な例を挙げてくださいませんか。
- すみません、シャッターをおしてもらえますか。
- すみません、アンケートよろしいですか。
- ご注文をどうぞ。
- ジュースを買ってきてくれない(?)。
- 大事な用件があったら知らせてください。
- 千円札に両替してください。

117 ☐ 천 엔짜리로 바꿔 주시겠습니까?

118 ☐ 천천히 드세요. (식당) / 천천히 쉬세요. (호텔)

119 ☐ 콜라 한 잔 더 어떠세요? (더 드시겠어요?)

120 ☐ 택시 속력을 좀 줄여 주었으면 해요.

121 ☐ 파란 것보다도 빨간 걸로 안 할래?

122 ☐ 팔다 남은 상품은 반품할 수 없습니까?

123 ☐ 필요한 것이 있으시면 말씀해 주십시오.

124 ☐ 회의 자료, 몇 부 준비할까요?

125 ☐ 회장을 이달 중에 예약해 두세요.

- 千円札に崩してもらえますか。

- ごゆっくり、どうぞ。

- コーラおかわりいかがですか。

- タクシーのスピードをちょっと落としてもらいたいですね。

- 青いのよりも赤いのにしない(?)。

- 売れ残りの商品、返品するわけにはいかないんですか。

- 必要なものがございましたら、お申し付けください。

- 会議の資料、何部用意いたしましょうか。

- 会場を今月中に予約しておいてください。

STEP 3 판단, 확인, 의문

001 ☐ 가능한 한 빠른 시기에 검토해 보겠습니다.

002 ☐ 가장 가까운 역까지 시간은 얼마나 걸립니까?

003 ☐ 가족은 몇 명이에요?

004 ☐ 건강을 위해 뭔가 하고 있습니까?

005 ☐ 계약을 백지로 돌릴 수밖에 방법이 없군요.

006 ☐ 공항까지 버스로 갑니까?

007 ☐ 과일은 무엇을 좋아하십니까?

008 ☐ 과장님, 오셨어요?

009 ☐ 과장님과 아직 연락이 안 돼?

010 ☐ 과장님께서는 빈손으로 오라고 말씀하셨지만, 정말 빈손으로 가도 되는 걸까?

011 ☐ 그 분은 어디에서 왔습니까?

012 ☐ 그 사람 혼자서는 무리입니다.

013 ☐ 그 책 어때요. 재미있습니까?

014 ☐ 그거 힘들겠군요. 그런데, 언제 갑니까?

- なるべく早い時期に検討したいと思います。
- 最寄の駅まで時間はどのぐらいかかりますか。
- ご家族は何人ですか。
- 健康のために何かやっていますか。
- 契約を白紙に戻すよりしかたがないですね。
- 空港までバスで行きますか。
- 果物は何がお好きですか。
- 課長、見えてますか。
- 課長とまだ連絡取れないの(?)。
- 課長には手ぶらでって言われたんだけど、本当に手ぶらでいいのかな。
- その方はどちらからいらっしゃいましたか。
- 彼一人じゃ無理ですよ。
- その本どう、おもしろいですか。
- それは大変ですね。で、いつ行くんですか。

015 □ 그녀는 언제나 깔끔하게 일을 하는군요.

016 □ 그는 시간관념이 철저하지 못해서 곤란해.

017 □ 그는, 외근이라 오늘은 바로 귀가할 예정인데요.

018 □ 그래서 아침저녁 서늘해진 거군요.

019 □ 그래요? 4형제 중 막내세요?

020 □ 그런 낡고 구깃구깃한 청바지, 지저분하니까, 이제 버리거라.

021 □ 그럴 때도 있는 거지. 원숭이도 나무에서 떨어질 때가 있다고 하잖아.

022 □ 그와는 얼마 동안 만나지 못했습니다.

023 □ 그의 집이라면, 이 모퉁이를 돌아 오른쪽 두 번째 집이에요.

024 □ 그의 출세는 그야말로 부모 잘 만난 덕이야.

025 □ 금년 겨울은 정말 추웠어요.

026 □ 급한 볼일은 끝났습니까?

027 □ 꽤 무겁네요.

028 □ 나이가 어떻게 되세요?

029 □ 내게 무슨 볼일 있나?

030 □ 내년에는 완성되리라 생각합니다.

031 □ 내일 아침 식사, 뭐가 좋습니까?

- 彼女はいつも手際よく仕事をしますね。
- 彼は時間にだらしなくて困ったものだ。
- 彼は、外回りで今日はそのまま帰宅予定なんですが。
- それで朝晩涼しくなったんですね。
- そうですか、人兄弟の末っ子ですか。
- そんなよれよれのジーンズ、汚いから、もう捨てなさい。
- そういうこともあるよ。弘法にも筆の誤りって言うしね。
- 彼とはしばらく会っていません。
- 彼の家なら、この角を曲がって右側の二軒目です。
- 彼の出世はまったく親の七光だね。
- 今年の冬はほんとうに寒かったですね。
- 急用はもう済んだんですか。
- けっこう重いんですね。
- ご年齢はどのくらいですか。
- 何か用かね。
- 来年には完成すると思います。
- あしたの朝食、何がいいですか。

032 ☐ 내일은 돌려 드릴 수 있을 것 같습니다.

033 ☐ 내일은 중지입니다. 댁에 연락이 안 갔습니까?

034 ☐ 네, 알겠습니다. 배달은 언제라도 상관없습니까?

035 ☐ 누구한테 일본어를 배웠습니까?

036 ☐ 누나가 계십니까?

037 ☐ 다나카 씨는 어느 분입니까?

038 ☐ 다른 도와드릴 일이 있습니까?

039 ☐ 당신이 아니면 불가능한 일입니다.

040 ☐ 댁에서 회사까지 어느 정도입니까?

041 ☐ 도쿄에는 무엇으로 갑니까?

042 ☐ 도쿄에는 언제 가십니까?

043 ☐ 도쿄에는 언제 오셨습니까?

044 ☐ 등산은 자주 하십니까?

045 ☐ 또 잔업입니까? 낮에 질질 끌기 때문에 잔업을 하게 되는 거예요.

046 ☐ 면접은 잘 보았습니까?

- あしたは返せると思います。
- 明日の試合は中止ですよ。お宅に連絡が行きませんでしたか。
- はい、かしこまりました。お届けはいつでもかまいませんか。
- だれに日本語を教えてもらったんですか。
- お姉さんがいらっしゃるんですか。
- 田中さんってどの人ですか。
- 他にお手伝いできることはございますか。
- あなたでなければ出来ない仕事です。
- お宅から会社までどのくらいですか。
- 東京へは何で行きますか。
- 東京へはいつお出でになりますか。
- 東京へはいつお出でになりましたか。
- 山登りはよくなさいますか。
- また残業ですか。昼間だらだらしているから、残業になるんですよ。
- 面接はうまくいきましたか。

047 ☐ 모두 모이니까, 파티는 틀림없이 재미있을 거예요.

048 ☐ 목이 아플 때는 어떻게 합니까?

049 ☐ 무슨 일 있어요? 안색이 안 좋아요.

050 ☐ 무슨 일 있었어요?

051 ☐ 무슨 일로 오셨어요?

052 ☐ 무슨 일입니까? 안색이 안 좋군요.

053 ☐ 무엇을 찾으십니까?

054 ☐ 문제가 없는 것은 아닙니다.

055 ☐ 미리 현지를 조사해 두는 것이 좋겠습니다만.

056 ☐ 반드시 팔릴 거라고 생각합니다.

057 ☐ 받아들일지 거절할지 분명히 하세요.

058 ☐ 배달 시간 지정이 가능합니다만, 몇 시쯤이 좋겠습니까?

059 ☐ 보너스가 나오는 게 언제였던가요?

060 ☐ 볼펜을 사용하면 안 됩니까?

061 ☐ 부장님은 어떤 생각일까요?

062 ☐ 부탁 드렸던 원고는 마감까지 끝날 것 같습니까?

- みんなが集まるので、パーティーはきっと楽しいだろうと思いますよ。
- 喉が痛いときはどうしますか。
- どうしたんですか。顔色がよくありませんよ。
- どうかなさいましたか。
- どんなご用でいらっしゃったんですか。
- どうしましたか。顔色が悪いですよ。
- お探しのものは何でしょうか。
- 問題がなくはないんです。
- あらかじめ現地を調査しておくのが得策かと思いますが。
- きっと売れると思います。
- 引き受けるか断るかはっきりしなさい。
- お届け時間の指定ができますが、何時ごろがよろしいですか。
- ボーナスが出るのはいつでしたっけ。
- ボールペンを使ってはいけませんか。
- 部長はどういうお考えでしょうか。
- お願いしてた原稿は締め切りまでに終わりそうですか。

063 ☐ 불경기의 여파로 해고되어 버렸습니다.

064 ☐ 비가 올 것 같으니, 우산을 갖고 가거라.

065 ☐ 사람의 생각은 가지각색이니까요.

066 ☐ 사시는 곳은 어디십니까?

067 ☐ 상당히 양이 많은 점심이었습니다.

068 ☐ 선생님은 이번 주 일요일은 자택에 계십니까?

069 ☐ 소재가 합성 섬유이므로, 얇고 울처럼 뻣뻣하지 않습니다.

070 ☐ 손님, 쿠폰 모으십니까?

071 ☐ 시간은 괜찮습니까?

072 ☐ 시험을 볼 때는 어깨의 힘을 빼는 편이 잘 되는 거야.

073 ☐ 신제품의 평판은 어떻습니까?

074 ☐ 실례지만, 나이가 어떻게 되세요?

075 ☐ 심부름 갑니까?

076 ☐ 아 배고파. 뭐 좀 먹으러 안 갈래?

077 ☐ 아버님께서는 건강하세요?

078 ☐ 아주 잘 어울리십니다.

- 不景気の煽りを受けて、首を切られちゃいました。
- 雨が降りそうだから傘を持っていきなさい。
- 人の考えは、十人十色ですからね。
- お住まいはどちらですか。
- なかなかボリュームのあるランチでしたね。
- 先生は今週の日曜はご自宅にいらっしゃいますか。
- 素材が合成繊維なので、薄くて、ウールのようにごわごわしないんです。
- お客様、クーポンはお集めですか。
- お時間の方は大丈夫ですか。
- テストの時は肩の力を抜いたほうがうまくいくんだよ。
- 新製品の評判はどうですか。
- 失礼ですが、おいくつですか。
- お使いに行くんですか。
- あ〜、お腹すいた。ね、なんか食べに行かない(?)。
- お父さんはお元気ですか。
- とてもよくお似合いです。

079 ☐ 아직 괜찮잖아요? 좀 더 천천히 있다 가세요.

080 ☐ 아침부터 쭉 일을 했기 때문에, 이미 녹초가 됐습니다.

081 ☐ 암으로 수술하셨다면서요?

082 ☐ 야마다 씨, 입원하셨다면서요?

083 ☐ 야마다 씨는 쓰레기 재활용에 대하여 어떻게 생각합니까?

084 ☐ 야마다 씨에게서 연락이 오지 않았습니까?

085 ☐ 어! 이케다 씨, 어디 가세요?

086 ☐ 어서 오십시오. 몇 분이십니까?

087 ☐ 어느 분이 쓰실 건가요?

088 ☐ 어느 분이 입습니까?

089 ☐ 어둡기 전에 도착할까요?

090 ☐ 어디에서 오셨습니까?

091 ☐ 어떤 색을 좋아하세요?

092 ☐ 어떻게 지불하실 건가요?

093 ☐ 어제는 어디 외출하셨어요?

094 ☐ 어젯밤은 오랜만에 충분히 자서, 오늘은 매우 기운이 납니다.

- まだいいじゃありませんか。もっとゆっくりしていってください。
- 朝からずっと働いたので、もうくたくたです。
- ガンで手術なさったんだそうですね。
- 山田さん、入院なさったんですって。
- 山田さんはゴミのリサイクルについてどう思いますか。
- 山田さんから連絡が入っていませんか。
- あれ、池田さん、お出掛けですか。
- いらっしゃいませ。何名様ですか。
- どなたがお使いになるんですか。
- どなたがお召しになるんですか。
- 明るいうちに着きますか。
- どちらからお出でですか。
- どんな色がお好みですか。
- お支払いはどうなさいますか。
- 昨日はどこかへお出掛けでしたか。
- 夕べは久しぶりにぐっすり寝たので、今日はとても元気です。

095 언제 일본으로 돌아가세요?

096 언제나 싱글벙글하며, 느낌이 좋은 사람입니다.

097 얼마입니까? 카드도 되죠?

098 엄청난 쓰레기네. 분리하려면 고생할 것 같아.

099 에어컨이라도 켤까요?

100 여기서 담배를 피워도 되나?

101 여기에 얼룩이 있는데요.

102 여기에서 기다려도 괜찮을까요?

103 여행 갈 곳은 이제 정해졌습니까?

104 여행지에서 보낸 선물, 받았습니까?

105 열이 내려갔군요. 기분은 좀 어떠세요?

106 오늘 결정하지 않아도 괜찮습니까?

107 오늘 신문 보았습니까?

108 오늘 신문에 뭐 재미있는 기사라도 있습니까?

109 오늘의 정식은 뭐죠?

110 올 여름은 예년에 없이 시원하군요.

111 왜 그러세요? 몸이 안 좋습니까?

- いつ日本へお帰りですか。

- いつもにこにこして、感じがいい人ですよ。

- お勘定お願いします。カードも利くでしょう。

- すごいゴミだな。分別するのに大変そうだよ。

- クーラーでもつけましょうか。

- ここでたばこを吸ってもいいかな(?)。

- ここにしみがあるんですけど。

- ここで待たせていただいてもかまいませんか。

- 旅行の行き先はもう決まりましたか。

- 旅行先から送ったお土産、受け取りましたか。

- 熱が下がりましたね。ご気分はいかがですか。

- 今日決めなくてもかまいませんか。

- 今日の新聞見ましたか。

- 今朝の新聞に何か面白い記事がありますか。

- 今日の日替わり定食は何ですか。

- 今年の夏は例年になく涼しいですね。

- どうしたんですか。具合が悪いんですか。

112 ☐ 왜 전직을 합니까?

113 ☐ 요시다 씨 회사도 주 5일제입니까?

114 ☐ 요전에 이사했다고 들었는데, 이번 아파트는 어때요?

115 ☐ 요즘 운동부족으로 살이 쪘어요.

116 ☐ 유실물 센터는 어디입니까?

117 ☐ 유통기한은 언제까지인가요? (음식)

118 ☐ 의사를 부르지 않아도 됩니까?

119 ☐ 이 구두는 좀 끼는데요.

120 ☐ 이 근처에 은행이 있습니까?

121 ☐ 이 근처에 편의점은 없나요?

122 ☐ 이 무늬로 다른 색은 없나요?

123 ☐ 이 문제는 제게는 힘에 부칩니다. 이 막중한 역할은 사양하겠어요.

124 ☐ 이 상자의 내용물이 무엇입니까?

125 ☐ 이 상자를 흔들어보면 달그락달그락 소리가 나는데 뭐가 들어 있습니까?

126 ☐ 이 소파 앉은 느낌이 굉장히 좋지 않아?

- どうして転職するんですか。
- 吉田さんの会社も週休二日ですか。
- この前引っ越したそうですが、今度のアパートはどうですか。
- このごろ運動不足でふとってしまいましたよ。
- 落し物センターはどこですか。
- 賞味期限はいつまでですか。
- 医者を呼ばなくてもいいですか。
- この靴はちょっときついですね。
- この近くに銀行はありますか。
- この辺にコンビニはありませんか。
- この柄で色ちがいはありませんか。
- この問題は私の手には余ります。この大役は辞退させてください。
- この箱の中身は何ですか。
- この箱を振ってみるとカタカタいってるけれど何が入っているのですか。
- このソファー、すごく座り心地がいいと思わない(?)。

127 □ 이 자리 비어 있습니까?

128 □ 이 지역은 물가가 싸서 매우 살기 편합니다.

129 □ 이거 얼마입니까?

130 □ 이건 어디에 쓰나요?

131 □ 이건 얼마나 가요? (음식)

132 □ 이것은 어떻습니까?

133 □ 이렇게 얇은 상의로는, 추워서 감기에 걸려.

134 □ 이마무라 씨, 이 견적서 계산, 실수가 너무 많아.

135 □ 이번에 영업부로 온 기무라 과장, 상당히 두뇌가 명석한 모양이야.

136 □ 이젠 빚 투성이여서 옴짝달싹 못하게 됐어.

137 □ 이쪽, 치워도 괜찮을까요?

138 □ 일본의 민예품은 꽤나 정교하게 세공되어 있네요.

139 □ 입학 축하선물은 어떤 것이 좋을까요?

140 □ 자택은 어디쯤에 있습니까?

141 □ 저 사람 쪽이 아무리 생각해도 잘못했는데, 어째서 편을 드는 겁니까?

142 □ 저 사람, 아세요?

- この席空いていますか。
- この町は物価が安くてとても住みやすいんです。
- これ、いくらですか。
- これは何に使いますか。
- これはどれぐらい持ちますか。
- これはいかがですか。
- こんなぺらぺらの上着じゃ、寒くて風邪をひくよ。
- 今村さん、この見積計算ミスが多すぎるよ。
- 今度、営業部に来た木村部長、かなり頭が切れるらしいよ。
- もう借金だらけで首が回らないよ。
- こちら、お下げしてもよろしいでしょうか。
- 日本の民芸品はずいぶんと手が込んでいますね。
- 入学祝いはどんなものがいいでしょうか。
- ご自宅はどの辺りにございますか。
- あの人の方がどう考えても悪いのに、どうして肩を持つんですか。
- あの人、ご存知ですか。

143☐ 저 사람은 성질이 급하다면서요?

144☐ 저, 마루야마산업의 야마모토라고 합니다만, 기무라 차장님 계십니까?

145☐ 전화번호를 아십니까?

146☐ 점보제트기를 처음 탑승하신 느낌이 어떠셨습니까?

147☐ 정원이라고 해도 손바닥만 합니다.

148☐ 정원이라고 해도 손바닥만 합니다.

149☐ 좀 더 쉬울 거라고 생각했습니다.

150☐ 좋아하는 일본요리는 무엇입니까?

151☐ 줄곧 바빴기 때문에 주말엔 집에 있으려고 해요.

152☐ 처음 만났을 때부터 왠지 믿음직스러운 사람이라는 느낌이 들었어요.

153☐ 총무과에서 온 서류 어디에 있는지 알아?

154☐ 최근에 야마다 씨를 만났습니까?

155☐ 축구 대항 시합, 분명히 10일 토요일이었지?

156☐ 커피, 한 잔 더 어떻습니까?

157☐ 큰 지진이 일어나면, 어떻게 하면 될까요?

158☐ 큰길을 오른쪽으로 가면 왼쪽에 슈퍼가 있습니다.

- あの人は気が短いそうですね。
- 私円山産業の山本と申しますが、木村次長はおられますか。
- 電話番号をご存知ですか。
- ジャンボジェット機にはじめてご搭乗になった感想はいかがでしたか。
- 庭といっても、猫の額ほどですよ。
- 庭といっても猫の額のようなもんですよ。
- もっと楽だと思っていました。
- お好きな日本料理は何ですか。
- ずっと忙しかったので、週末はうちにいようと思います。
- はじめて会ったときから、虫が好かない人だと思っていました。
- 総務課からきた書類、どこにあるか知っている(?)。
- 最近山田さんに会いましたか。
- サッカーの対抗試合、たしか十日の土曜日だったよね。
- コーヒー、お替わりいかがですか。
- 大きい地震が起きたら、どうすればいいのでしょうか。
- 大通りを右に行くと左手にスーパーがありますよ。

159 ☐ 택시 운전기사가 멀리 돌아서. 평소보다 배가 되는 요금을 냈어.

160 ☐ 퇴근길에 한잔 어때요?

161 ☐ 한 걸음 차이로 벼랑에서 떨어질 뻔 했어.

162 ☐ 할부로 하시겠습니까?

163 ☐ 형님은 어떻게 지내고 계세요?

▶ タクシーの運転手さんが遠回りするから、いつもの倍の料金をとられちゃった。

▶ 帰りに一杯どうですか。

▶ あと一歩で崖から落ちるところだったよ。

▶ 分割払いになさいますか。

▶ お兄さんは何をしていらっしゃいますか。

STEP 4 충고, 권유

001 □ 건강진단을 받아보는 게 어떨까요?

002 □ 공항에 갈 때 무엇으로 가면 좋을까요?

003 □ 과장님에게 그런 실례되는 말을 하면 못써.

004 □ 괜찮으시면, 제가 도와드릴까요?

005 □ 구두는 벗지 않는 편이 좋아요.

006 □ 국가 레벨의 외교뿐만 아니라, 민간 레벨의 외교도 중요합니다.

007 □ 그것 좀 봐도 돼?

008 □ 그것보다 한 단계 작은 것이라면 없지도 않습니다만.

009 □ 그는 만날 것까지도 없습니다.

010 □ 그런 경우를 당하면 누구라도 그럴 거야.

011 □ 그런 무서운 영화 안 보는 게 나았어.

012 □ 그렇게 큰 소리를 내면 안 돼요.

013 □ 그렇게 회사에 불만을 품고 있다면, 이번에 과장님한테 모조리 얘기해 보는 게 어떻습니까?

- 健康診断を受けてみたらどうですか。
- 空港へ行くとき、何で行ったらいいですか。
- 課長にあんな失礼なこと言っちゃだめだよ。
- よろしかったら、私がお手伝いしましょうか。
- 靴は脱がないほうがいいです。
- 国家レベルの外交だけじゃなく、民間レベルの外交も重要ですよ。
- それ、ちょっと見せてもらってもいい(?)。
- それより一回り小さいものなら、なくもないんですが。
- 彼には会うまでもありません。
- そんな目にあったら、だれでもそうなるよ。
- あんな怖い映画見なきゃよかったよ。
- そんなに大きい声をだしちゃいけませんよ。
- そんなに会社に不満を抱いているのなら、こんど課長に洗いざらい話してみたら、いかがですか。

014 □ 그렇다면 하루 묵는 것보다 당일치기를 하는 편이 좋지 않을까요?

015 □ 그만한 일로 마음 약한 소리 하지 마.

016 □ 나중에 커피라도 마시지 않겠습니까?

017 □ 나카무라 씨, 복권은 원래 다 그런 거예요.

018 □ 남쪽 출입구는 어떻게 가면 됩니까?

019 □ 내일 아버지가 오시는데, 만나주시지 않겠습니까?

020 □ 내일 아침 일찍 회의가 있습니다.

021 □ 다음에 저녁이라도 대접하면 어떨까요?

022 □ 두 시라면 문제없어요.

023 □ 뒷일은 나한테 맡기고 푹 쉬는 게 좋아요.

024 □ 만일 몸이 안 좋으면 쉬어도 좋아요.

025 □ 맡겨진 일에는 좀 더 본격적으로 해 주었으면 합니다.

026 □ 무리한 말을 해서 죄송합니다.

027 □ 무리한 일을 맡지 않았으면 좋았을 뻔 했어요.

028 □ 뭔가 불편한 점이 있으시면 언제든지 연락해 주십시오.

029 □ 미리 연락해 주지 않으면 곤란합니다.

- でしたら、一泊するより日帰りしたほうがいいんじゃないでしょうか。
- そんなことで弱音を吐くなよ。
- あとでコーヒーでも飲みませんか。
- 中村さん、宝くじなんてもともとそういうもんですよ。
- 南口はどうやって行けばいいですか。
- 明日父が参りますが、お会いになってくださいませんか。
- 明日、早朝会議があるんですよ。
- 今度夕食でもごちそうしたらどうですか。
- 2時なら大丈夫ですよ。
- 後のことは僕に任せてゆっくり休んだらいいですよ。
- もし体の具合が悪ければ、休んでもいいですよ。
- 任された仕事にはもっと腰を入れてやってもらいたいんです。
- 勝手を言って申し訳ございません。
- 無理な仕事を引き受けなければよかったんです。
- 何かお気づきの点がございましたら、いつでもご連絡ください。
- 前もって連絡してくれないとこまりますよ。

030 □ 바다는 태양이 쨍쨍 눈부시니까, 선글라스를 가지고 가는 게 좋아요.

031 □ 밖이 환할 때 돌아오거라!

032 □ 밤늦게까지 자지 않는 것은 안 좋습니다.

033 □ 보시는 것이 좋지 않을까 생각합니다만.

034 □ 보증 기간은 6개월입니다.

035 □ 부상자가 많이 나와서 딴 일에 신경 쓸 겨를이 없으니, 콘서트는 중지하자.

036 □ 부장님 앞에서는 너무 큰소리를 치지 않는 것이 좋아.

037 □ 부장님에게 단도직입적으로 질문해 보면 어떨까요?

038 □ 불평만 하지 말고, 가끔은 스스로 만들어 보는 게 어때?

039 □ 서두르지 않으면 제 시간에 못 대요.

040 □ 서두르지 않으면 차를 놓쳐요.

041 □ 세다고는 해도 다나카 씨 만큼은 아닙니다.

042 □ 슈퍼 앞에 사람들이 많군요.

043 □ 시합에 져서, 이제 와서 발을 동동 구르며 분해해도 소용이 없어요.

044 □ 시험 결과는 내일 발표됩니다.

- 海は、太陽がぎらぎら眩しいから、サングラスを持って行ったほうがいいですよ。
- 外が明るいうちに帰ってきなさいよ!
- 夜遅くまで寝ないのはよくないです。
- ご覧になったほうがいいんじゃないかと思いますが。
- 保証期間は六ヶ月でございます。
- 怪我人が多く出て、背に腹は変えられないから、コンサートは中止しよう。
- 部長の前ではあまり大きな口を利かない方がいいよ。
- 部長に単刀直入に質問してみたらどうですか。
- 文句ばっかりつけてないで、たまには自分で作ってみたら(?)。
- 急がないと間に合いませんよ。
- 早くしないと乗り遅れちゃうよ。
- 強いと言っても田中さんほどではありません。
- スーパーの前に大勢人がいますね。
- 試合に負け、今さら地団駄を踏んで悔しがってもしょうがないですね。
- 試験の結果はあした発表されます。

045 □ 실은 이틀 가는 것이 좋겠지만.

046 □ 쓰레기를 버리지 마세요.

047 □ 아까부터 아무 것도 먹지 않았잖습니까?

048 □ 아무 것도 없지만, 부디 많이 드십시오.

049 □ 아파트는 어떤 방 배치를 원하십니까?

050 □ 어떻게 그런 결과가 되었는지를 잘 분석해 주세요.

051 □ 어려움을 겪고 있는 그를 위하여, 이번에 발 벗고 나섭시다.

052 □ 어젯밤의 파티는 가지 말 걸 그랬어.

053 □ 어째서 아직 돌아가지 않았습니까?

054 □ 어차피 더러워질 텐데 청소를 뭐 하려고 하는 거야?

055 □ 언제까지 걱정만 하지 말고 빨리빨리(척척) 일을 진행해 주세요.

056 □ 에어컨을 끌까요?

057 □ 여기서 담배를 피우지 마세요.

058 □ 여기서 담배를 피워도 됩니까?

059 □ 여러 가지로 고마웠습니다. 정말 도움이 됐습니다.

060 □ 여름철은 음식이 잘 변하니까 날 것은 주의해 주세요.

061 □ 연말 이웃 돕기 모금 운동에 협조해 주시기 바랍니다.

- 本当は2日行ったほうがいいんだろうけどねえ。

- ゴミを捨てないでください。

- さっきから何も食べないじゃないですか。

- 何もございませんが、どうぞ召し上がってください。

- アパートは、どんな間取りをご希望ですか。

- どうしてそのような結果になったのかをよく分析してください。

- 困っている彼のために、ここは一肌脱ぎましょう。

- 昨夜のパーティー、行かなければよかった。

- どうしてまだ帰らないんですか。

- どうせ汚れるのにどうして掃除なんかするの。

- いつまでも考え込んでいないでどんどん仕事をしてくださいよ。

- クーラーを消しましょうか。

- ここでたばこを吸わないでください。

- ここで一服してもいいですか。

- いろいろありがとうございました。ほんとうに助かりました。

- 夏場は足が早いから、生物は注意してください。

- 歳末、助け合い運動にご協力ください。

062 □ 오늘 밤, 한잔 어때요?

063 □ 오늘 아침은 길이 얼어서 미끌미끌하니까 조심해서 가세요.

064 □ 오랜만에 같이 식사하시겠습니까?

065 □ 오후 8시까지 영업합니다.

066 □ 왜 그러세요? 너무 안 먹는 거 아니에요?

067 □ 용건이 있으시면 말씀해 주십시오.

068 □ 우리 과장님은 자상한 사람입니다.

069 □ 우물우물 말하지 말고 좀 더 분명히 말하세요.

070 □ 위험물은 가지고 들어오지 마십시오.

071 □ 이 건은 댁 쪽에 잘못이 있는 게 아닌가 생각합니다만.

072 □ 이 디자인은 싫증이 나지 않아, 오래 사용하실 수 있어요.

073 □ 이 주변은 밤에 돌아다니지 않는 것이 좋아요. 위험하니까.

074 □ 이 DVD의 대여기간은 며칠입니까?

075 □ 이것은 사과해서 해결될 문제가 아닙니다.

076 □ 이야기가 길어질 것 같습니다만, 괜찮으시면 말씀 전해 드릴까요?

077 □ 이쪽에서 바로 전화를 드릴까요?

- 今夜一杯どうですか。
- 今朝は道が氷っていてつるつるですから気をつけていってください。
- 久しぶりに一緒に食事しませんか。
- 午後8時までの営業となっております。
- どうしたんですか。あまり食べないじゃないですか。
- ご用がございましたらお申し付けください。
- うちの課長は面倒見のいい人です。
- もごもご言わないで、もっとはっきり言いなさい。
- 危険物は持ち込まないでください。
- この件ではお宅の方に問題があるのではないかと思うんですが。
- このデザインは飽きがこないから、長くお使いになれますよ。
- この辺は夜うろうろしないほうがいいですよ。危ないですから。
- このDVDのレンタル期間は、何日ですか。
- これは謝って済む問題じゃありません。
- 話が長引きそうなんですが、よろしかったらご伝言を承りましょうか。
- こちらから折り返しお電話いたしましょうか。

078 ☐ 이쯤에서 잠시 쉴까요?

079 ☐ 일단 썼습니다만, 아직 약간 손을 볼 필요가 있습니다.

080 ☐ 자, 편히 앉으세요.

081 ☐ 자동차는 밀리니까 전철로 가는 편이 좋을 거예요.

082 ☐ 자신의 약점을 파악해서 고쳐 가면 되는 거예요.

083 ☐ 저 벼랑으로 가까이 가지마 하고 몇 번이나 주의를 주지 않았습니까?

084 ☐ 젖었을 때는 마른 천으로 물기를 제거해 주세요.

085 ☐ 좀 더 일찍 통지해 주었으면 좋았을 텐데.

086 ☐ 좀 더 환한 색 옷으로 하면 어떨까요?

087 ☐ 죄송하지만, 이번 이야기는 없었던 것으로 해 주세요.

088 ☐ 주민의 요망을 받아들여 세금을 사용했으면 합니다.

089 ☐ 지금 당장 필요한 것은 다 있으니, 괜찮습니다.

090 ☐ 지금까지의 일은 모두 잊어버립시다.

091 ☐ 지진이 나면 반드시 먼저 불을 꺼 주세요.

092 ☐ 진공 팩은 공기가 들어있지 않기 때문에 식품을 오래 보존할 수 있어요.

093 ☐ 집에서 만든 쿠키입니다. 괜찮으시면 드세요.

- この辺りでちょっと一息入れませんか。
- 一応書いたんですが、まだ少し手を加える必要があります。
- どうぞ、足を崩してお楽になさってください。
- 車は渋滞するから電車で行ったほうがいいですよ。
- 自分の弱点を押えて潰していけばいいんだよ。
- あのがけに近づくなと、口を酸っぱく注意したじゃありませんか。
- 濡れたときは、乾いた布で水気をお取りください。
- もう少し早めに通知してくれてもいいのに。
- もっと明るい色の服にしたらどうですか。
- 申し訳ありませんが、今回のお話はなかったことにさせてください。
- 住民の要望を入れて税金を使ってほしいですよ。
- さしあたり必要なものは揃っているので、大丈夫です。
- 今までのことは、すべて水に流しましょう。
- 地震が起きたら、何をおいてもまず火を消してください。
- 真空パックは空気が入っていないので食品を長く保存できますよ。
- 家で作ったクッキーです。よろしかったらどうぞ。

094 ☐ 하루에 2, 3번 이 약을 아픈 곳에 바르세요.

095 ☐ 한잔 더 어떠세요?

096 ☐ 항상 신세만 져서 죄송합니다.

097 ☐ 해 보지도 않고 처음부터 안 된다고 마음먹는 것은 당신답지 않아.

098 ☐ 훌륭한 작품일지라도, 그 예술이 대중에게 인기를 얻는다고는 할 수 없어.

099 ☐ 휴가가 필요하면, 미리 말해 주세요.

- 一日、二三回、この薬を痛いところに塗ってください。
- もう一杯、いかがですか。
- いつも甘えてばかりで申し訳ありません。
- やっても見ないで、端からだめだと決めつけるのは、君らしくないよ。
- すばらしい作品でも、その芸術が大衆に受けるとは限らないよ。
- 休暇が欲しいなら、まえもって言ってください。

STEP 5 추량

001 □ 2주일 정도 걸립니다만, 괜찮으십니까?

002 □ 6시 반에 오기로 해 놓고, 어떻게 된 거야?

003 □ 가와카미 씨, 어제 일로 아직 끙끙 앓고 있는 모양이에요.

004 □ 겨우 희망이 보이기 시작한 것 같습니다.

005 □ 경기 침체는 당분간 계속될지도 모르겠습니다.

006 □ 그녀는 부끄럼을 잘 타기 때문에 여러 사람 앞에서는 좀 어려울걸요.

007 □ 그녀는 집에 없는 것 같습니다. (객관적 근거를 바탕으로 한 추측)

008 □ 내일도 역시 많은 눈이 내릴 것 같아.

009 □ 내일은 몹시 추워질 것 같군요.

010 □ 다카하시 씨, 기분이 좋아 보이네요.

011 □ 도움이 되셨는지요?

012 □ 두 개의 역 중간에 새로운 역이 생길 것 같아요.

013 □ 또 어딘가에서 농땡이를 치고 있는 건 아니겠지.

014 □ 목욕을 해서 기분이 상쾌하죠?

- 2週間ほどかかりますが、よろしいでしょうか。
- 6時半に来るはずだったのにどうしたの。
- 川上さん、昨日のことまだくよくよしているようです。
- なんとか光が見えてきたように思います。
- 景気の低迷は当分続くかもしれないんです。
- 彼女は恥ずかしがり屋なので、皆の前ではちょっと難しいでしょう。
- 彼女は家にいないらしいです。
- 明日もまた大雪がふるらしいよ。
- 明日は冷え込みそうですね。
- 高橋さん、嬉しそうですね。
- お役に立てたでしょうか。
- 二つの駅の中間に新しい駅ができるらしいですよ。
- またどこかで油を売っているんじゃないかな。
- お風呂に入って、気持ちがさっぱりしたでしょう(?)。

015 □ 무슨 착오라도 있으셨나요?

016 □ 뭉게뭉게 연기가 피어 오르고 있으니까, 화재일지도 몰라요.

017 □ 밖은 꽤 추운 것 같아요.

018 □ 부장님은 어떻게 할 생각이실까요?

019 □ 부장님이 또 계약에 성공했답니다.

020 □ 비가 한바탕 내릴 것 같군요.

021 □ 소문으로는 이번 달에 보너스가 나올 것 같대요. (전문)

022 □ 아마 그럴 거예요.

023 □ 아직 비가 오고 있으려나.

024 □ 아직도 개발이 진행될 것 같아요.

025 □ 어디선가 들은 것 같기도 한데.

026 □ 어제 일을 아직 끙끙 앓고 있는 것 같아요.

027 □ 어쩔 수 없이 꼭 해야 할 볼일로, 모임에는 출석하지 못할 것 같습니다.

028 □ 왜 이 상품은 이렇게 쌀까요?

029 □ 이 방을 사용하는데 허가가 필요한 것일까요?

030 □ 이 비가 오면 벚꽃이 저 버릴지도 모르겠군요.

- 何か手違いでもございましたでしょうか。
- もくもくと煙が上がっているから火事かもしれないですよ。
- 外はかなり寒そうだよ。
- 部長はどうするおつもりなんでしょうか。
- 部長がまた契約に成功したそうですよ。
- 一雨降りそうですね。
- 噂では今月ボーナスが出るらしいです。
- たぶん、そうでしょう。
- まだ雨、降ってるかな。
- まだまだ開発が進んでいくようですよ。
- どこかで聞いたような気もするけど。
- 昨日のことまだくよくよしているようですよ。
- のっぴきならない用事で、会合には出席できそうもありません。
- どうしてこの商品はこんなに安いんでしょうね。
- この部屋を使うのに許可が必要なのでしょうか。
- この雨では桜も散ってしまうかもしれませんね。

031 ☐ 이 정도의 작문이라면 누구라도 쓸 수 있겠지요.

032 ☐ 이 진주 목걸이 진짜와 똑같지요?

033 ☐ 이번 주말 날씨는 어떨까요?

034 ☐ 일본에 있는 외국인에게 있어서 가장 어려운 점은 어떤 것일까요?

035 ☐ 일요일 못 가는 건 아니겠죠?

036 ☐ 일전에 부탁한 소포는 보내줬지요?

037 ☐ 자제분은 이제 꽤 컸겠네요.

038 ☐ 저기요, 친구의 결혼 축하 선물인데요.

039 ☐ 저희 가게의 인기 상품은 이것입니다.

040 ☐ 적임자는 역시, 와타나베 씨 외에는 달리 없겠지요.

041 ☐ 전철을 놓칠 것 같아요.

042 ☐ 주말 비워둬. 가끔은 어딘가에 가자고.

043 ☐ 주말에 우리 집에서 하는 파티 말인데, 술은 뭐가 좋을까요?

044 ☐ 지난주에 제안한 그 기획은 채택되지 않은 것 같아.

045 ☐ 지금 하는 일, 나에게는 맞지 않는 것 같습니다.

046 ☐ 지진 피해를 입어, 그는 충격을 받은 것 같군.

- この程度の作文ならだれでも書けるでしょう。
- この真珠のネックレス、本物とそっくりでしょう(?)。
- 今度の週末の天気はどうでしょうか。
- 日本にいる外国人にとって、一番難しいことはどんなことでしょうか。
- 日曜日、行けないことはないんでしょう。
- このあいだ頼んだ小包は出してくれたでしょうね。
- お子さんはもうずいぶん大きくなったでしょう。
- すみません。友だちの結婚祝いなんですが。
- 当店の売れ筋商品はこちらです。
- 適任者はやはり、渡辺さんをおいてほかにないでしょう。
- 電車に乗り遅れそうですよ。
- 週末空けておいて。たまにはどこかに行こうよ。
- 週末うちでするパーティーのことですが、お酒は何がいいでしょうか。
- 先週提案した例の企画、ボツになったらしい。
- 今の仕事、私には合わないみたいなんです。
- 地震の被害を受けて、彼はショックを受けてるだろうね。

047 □ 찾으시는 물건이 있으세요?

048 □ 평일이니까 평소보다 적어지지 않을까요.

049 □ 하시모토 씨는 벌써 돌아간 것 같네요. 코트도 없어요.

050 □ 항상 저희 딸이 신세를 지고 있는데, 돌봐주셔서 감사합니다.

- 何かお探しでしょうか。
- 平日だからいつもより少なくなるんじゃないでしょうか。
- 橋本さんはもうお帰りになったようですね。コートもありませんよ。
- いつも娘がお世話になり、ありがとうございます。

STEP 6 전문, 인용, 수급관계

001 □ 가족에게 걱정을 끼치기 싫어서 병을 말하지 않았답니다.

002 □ 개를 키우기 시작했다면서요?

003 □ 경제에 밝은 사람 이야기로는, 앞으로 5년, 심각한 상황이 이어진다고 합니다.

004 □ 교통사고로 얼마간 입원하게 되었답니다.

005 □ 과장님이 억지로 술을 마시게 해서, 결국 집에 간 것은 1시가 넘어서였습니다.

006 □ 그 회사에서는 정사원을 줄이고 파견사원을 늘리고 있답니다.

007 □ 금년 문학상은 수상 해당자가 없었다고 하더군요.

008 □ 기꺼이 참석하시겠다고 하셨습니다.

009 □ 네, 그런 모양이에요.

010 □ 나카노 씨 남편 분, 암으로 입원하셨대.

011 □ 다나카 씨, 감기 걸렸다면서요?

012 □ 다나카 씨, 오늘은 숙취 때문에 회사를 쉰대요.

- 家族に心配を掛けたくなくて病気のことを言わなかったんですって。
- 犬を飼い始めたんですって。
- 経済に明るい人の話では、これから5年、厳しい状況が続くそうですよ。
- 交通事故でしばらく入院することになったそうです。
- 課長にむりやり飲まされて、結局帰ったのは1時すぎでした。
- あの会社では正社員を減らして、派遣社員を増やしているそうです。
- 今回の文学賞は受賞の該当者がいなかったそうです。
- 喜んで伺いますっておっしゃいました。
- ええ、そうらしいですよ。
- 中野さんのご主人、ガンで入院なさったんですって。
- 田中さん、風邪を引いたんですって。
- 田中さん、今日は二日酔いで会社を休むそうです。

013 □ 다나카 씨가 설득을 당해서 찬성 파로 돌아섰다고 합니다.

014 □ 다나카 씨가 크리스마스 선물을 주었습니다.

015 □ 다나카 씨라는 분, 어떤 분입니까?

016 □ 답례로 저녁식사는 제가 사겠습니다.

017 □ 매일 스포츠클럽에 다닌다면서요?

018 □ 미국 경제의 악재로 꽤 많은 기업들이 모두 경영난에 빠져 있는 것 같아.

019 □ 아니요, 예년과 비슷하답니다.

020 □ 상품의 불만 처리 담당을 떠맡으셨다면서요?

021 □ 소문에 의하면 영업부장이, 차기 사장 후보에 오른 것 같아.

022 □ 술이 세다면서요.

023 □ 시민회관이 이전하여, 음향설비를 갖춘 새로운 콘서트 홀로 다시 태어난다고 해.

024 □ 아까 기무라 씨로부터 전화가 왔었는데, 회의에 늦는다고 합니다.

025 □ 야마모토 씨가 다리뼈가 부러져서 3개월 동안 입원한대요.

026 □ 야마카와 부장님이 지방으로 좌천당할 모양이야.

027 □ 야마카와 씨는 술자리에 안 나올 모양이야.

- 田中さんは説得されて賛成派に回ったそうですよ。
- 田中さんがクリスマスプレゼントをくれました。
- 田中さんって方、どんな方でしょうか。
- お礼に夕飯は私にごちそうさせてください。
- 毎日スポーツクラブに通っているんですって(?)。
- アメリカ経済の悪化でかなりの企業が経営難に陥っているらしいよ。
- いいえ、平年並みだそうです。
- 商品の苦情係を買って出たんですって。
- うわさでは、営業部長が、次期社長候補に挙がったらしいよ。
- お酒が強いそうですね。
- 市民会館が移転して、音響設備の整った新しいコンサートホールに生れ変わるそうだよ。
- 先ほど木村さんから電話がありまして、会議に遅れるそうです。

- 山本さん、足の骨を折って3ヶ月の入院ですって。
- 山川部長、地方へ飛ばされるらしいよ。
- 山川さんは飲み会に出ないらしいよ。

028 □ 어제의 화재는 순식간에 불이 번졌다고 합니다.

029 □ 역 앞에 주차장이 하나 더 생긴대요.

030 □ 예의 건, 답장이 전혀 안 오는데, 담당자에게 직접 문의한 거 맞죠?

031 □ 일부러 와 주셔서 고맙습니다.

032 □ 오늘 초대해 주셔서 감사합니다.

033 □ 오늘이 휴일이라는 것을 잊고 있었습니다.

034 □ 요새 조깅을 시작했다면서요.

035 □ 최근에 붙잡힌 흉악범은 성실한 사람으로 알려졌던 모양입니다.

036 □ 요전에 다쳤을 때, 회사 사람이 집까지 바래다주었어요.

037 □ 이 비가 그치면 더 추워진다고, 일기예보에서 말했어요.

038 □ 은행이자가 또 내린답니다.

039 □ 이 땅은 매우 비옥하다고 합니다.

040 □ 이번에 컴퓨터를 사신다면서요.

041 □ 이번에는 보너스가 적대요.

- 昨日の火事、あっという間に火が回ったそうですよ。
- 駅前にもう一つ駐車場ができるんですって。
- 例の件、返事が一向にないんですが、担当者に直接問い合わせたんでしょうね。
- わざわざお越しくださいまして、ありがとうございました。
- 本日はお招きいただきありがとうございます。
- 今日か休みだってこと、忘れていたんです。
- 最近、ジョギングを始めたそうですね。
- 最近つかまった凶悪事件の犯人は、まじめで通っていた人だったらしいですよ。
- この間けがをしたとき、会社の人がうちまで送ってくれたんです。
- この雨が止んだら一段と寒くなるって、天気予報で言ってましたよ。
- 銀行の利子がまた下がるそうです。
- この土地はとても肥えているんだそうです。
- 今度コンピューターをお買いになるそうですね。
- 今度はボーナス、少ないそうですよ。

042 □ 일본의 대학으로 유학 간다는 얘기는 어떻게 되었어요?

043 □ 일부러 배웅해 주셔서 감사합니다.

044 □ 자네, 모레 출장준비는 해 놨나?

045 □ 자회사에서는 납품 납기가 늦어지는 이유를 뭐라고 합니까?

046 □ 저 사람, 아직 얼마 안 된 신참 회계사래요.

047 □ 주가가 어제, 또 최저가를 갱신했다고 합니다.

048 □ 참, 그러고 보니 저녁 때 거래처에 들른다고 하셨어요.

049 □ 새로 온 부장은 상당한 수완가라서, 사장의 신뢰도 두터운 모양이야. 남자가 무색할 정도의 캐리어우먼이래.

050 □ 해외로 전근 간다면서요?

- 日本の大学に留学するという話はどうなりましたか。
- わざわざお見送りいただきまして、ありがとうございます。
- 君、明後日の出張の手配はしてくれた(?)。
- 子会社では、商品の納期が遅れる理由は何だと言っていますか。
- あの人、なりたての新米会計士なんですって。
- 株価が昨日、また最安値を更新したそうですよ。
- あ、そう言えば、夕方、取引先に寄るっておっしゃいましたよ。
- 新しい部長って、なかなかのやり手で、社長の信頼も厚いそうだよ。男顔負けのキャリアウーマンだって。
- 海外へ転勤になるんですって(?)。

STEP 7 평가

001 ☐ 4억 년 전이라도 해도 뜬 구름을 잡는 것 같아 확 와닿지 않네요.

002 ☐ 가게 경영이 마침내 궤도에 올라왔군요.

003 ☐ 갑작스런 화재에, 입고 있던 옷만 걸친 채 도망친 것이군요.

004 ☐ 고양이 손이라도 빌리고 싶을 정도로 바쁩니다.

005 ☐ 공부도 안하고 영화에 넋을 잃고 있었기 때문이에요.

006 ☐ 공원에 대형쓰레기를 버리다니, 언어도단도 유분수지 너무합니다.

007 ☐ 과연, 청산유수처럼 유창하게 말을 하는군요.

008 ☐ 괜찮은 이야기이니까, 받아들일까 해.

009 ☐ 그 가게, 손님이 줄고 매상도 떨어졌다는 소문이야.

010 ☐ 그 사람이 그 정도인 줄은 몰랐어요.

011 ☐ 그 양복과 넥타이, 색이 잘 어울리네요.

012 ☐ 그 책에 어지간히 빠져 있군요.

013 ☐ 그게, 좀처럼 계획대로 되지 않아서 애를 먹고 있습니다.

014 ☐ 그것은 어느 쪽이라도 상관없습니다.

015 ☐ 그녀는 언제나 깔끔하게 일을 해요.

- 四億年前と言われても雲をつかむようでぴんとこないですね。
- 店の経営が、やっと軌道に乗ってきましたね。
- 突然の火事に、着の身着のままで逃げ出したわけですね。
- 猫の手でも借りたいほど忙しいんです。
- 勉強もしないで、映画に現を抜かしていたからですよ。
- 公園に粗大ゴミを捨てるなんて、言語道断もほどがありますね。
- さすが、立て板に水のようにすらすらと話しますね。
- いいお話だから、お受けしようと思ってる。
- あの店、客が減って売上も落ちたって評判だよ。
- あの人があれほどとは思いませんでした。
- その洋服とネクタイ、色がぴったりですね。
- その本にずいぶん夢中ですね。
- それはどちらでも構いません。
- それが、なかなか計画通りにいかなくて、困ってるんです。
- 彼女はいつも手際よく仕事をしますね。

016 □ 그는 정계의 내외 사정에 정통해요.

017 □ 그래? 그거 믿음직스럽군.

018 □ 그런데, 번화가에 있는 것이 옥에 티입니다.

019 □ 그의 재능은 인정하지만, 성품은 문제가 있군요.

020 □ 기무라 씨의 골프실력은 나와는 차원이 다릅니다.

021 □ 나는 무슨 일이든 돌다리도 두들겨보고 건너는 타입니다.

022 □ 나도 그 그림 앞에서 감동한 나머지 꼼짝할 수 없게 되어 버렸습니다.

023 □ 납기를 못 지킬 것 같습니다.

024 □ 넉넉해서 입기 편할 거라고 생각됩니다만.

025 □ 다무라 씨는 정말 발이 넓군요.

026 □ 더욱더 활발해졌으면 좋겠습니다.

027 □ 둘 다 갖고 싶은데 실속 있는 것이 더 좋겠지.

028 □ 라면은 이제 질렸습니다.

029 □ 마감이 다가와서, 마무리에 박차를 가하고 있어요.

030 □ 마음에 들지 않으면 그는 바로 짜증을 냅니다.

031 □ 맛있어! 정말 맛있어! 요즘 요리 실력이 늘었군.

- 彼は政界の裏表に通じていますよ。
- そう、それは頼もしいね。
- でも、繁華街にあるのが玉に傷なんですよ。
- 彼の才能は買いますが、人柄に問題がありますね。
- 木村さんのゴルフの腕前は、私とは桁が違いますよ。
- 私は何でも石橋をたたいて渡るタイプなんですよ。
- わたしもその絵の前で、感動のあまりくぎ付けになってしまいました。
- 納期を守れそうもないんです。
- ゆったりして着やすいと思いますが。
- 田村さんはほんとうに顔が広いですね。
- ますます盛んになってほしいものです。
- 両方とも欲しいんだけど、花より団子だよね。
- ラーメンはもう飽きちゃいました。
- 締め切りが近づき、仕上げに拍車を掛けているんですよ。
- 気に入らないと、彼はすぐつむじを曲げてしまうんですよ。
- おいしい！すごくおいしいよ！このごろ、料理の腕が上がったね。

032 □ 면은 땀을 잘 흡수하기 때문에 착용감도 좋습니다.

033 □ 문을 꼭 닫고 있었더니, 방 공기가 나쁘군요.

034 □ 뭐라 하면 즉시 대답이 돌아오는군요.

035 □ 밤 11시에 피아노 연습이라니, 몰상식하기 짝이 없군.

036 □ 방이 남향이라서 햇볕이 잘 듭니다.

037 □ 별로 일을 하지 않았기 때문에 수입이 늘지 않는 것도 자업자득이군요.

038 □ 부장님은 언제나 야마다 씨의 편을 듭니다.

039 □ 사람을 마구 부려먹고 대단한 사람이라도 되는 줄 아나.

040 □ 사토 씨는 몸이 다부져서 남자다워요.

041 □ 상대의 약점을 파고들어 고자세로 나오다니 너무 하는군요.

042 □ 그곳 케이크는 맛있기로 유명합니다.

043 □ 새로운 회사가 우후죽순처럼 생겨났군요.

044 □ 선생님의 설교는 이제 지긋지긋합니다.

045 □ 세일즈맨의 감언이설에 속아서 그런 비싼 걸 사다니 경솔했어.

046 □ 소개해준 회사를 자기 멋대로 그만두다니, 내 얼굴에 먹칠을 했어.

047 □ 속이 여러 개로 나뉘어 있으니까 매우 편리합니다.

- 綿は汗をよく吸い取りますので、着心地もいいです。
- 閉め切っていたから、部屋の空気が悪いですね。
- 打てば響くように、答えが返ってきますね。
- 夜中の11時にピアノの練習なんて、非常識も甚だしいね。
- 部屋が南向きだから日当たりがいいですよ。
- あまり働かなかったから、収入が増えないのも自業自得ですね。
- 部長は、いつも山田さんの肩を持つんですよ。
- 人を顎でこき使って、何様だと思ってるんだよ。
- 佐藤さんって、がっちりしてて男らしいですね。
- 相手の弱みにつけこんで、高飛車にでるなんてひどいですよ。
- あそこのケーキは、おいしいので有名ですよ。
- 新しい会社が、雨後の竹の子のようにできましたね。
- 先生の説教にはうんざりしますよ。
- セールスマンの口車に乗ってそんな高価なものを買っちゃうなんて軽率だよ。
- 紹介してあげた会社を勝手に辞めるなんて、顔に泥を塗られてしまった。
- 中がいくつにも分かれているから、すごく便利です。

048 □ 술을 못 마시는 사람이 있을 것 같은데….

049 □ 시행착오를 반복한 끝에 마침내 성공한 셈이군요.

050 □ 시험이라고 해도 대단한 건 아니니까 하루 정도는 괜찮습니다.

051 □ 신제품 샘플을 잃어버렸습니다.

052 □ 심판의 눈을 속이다니, 선수로서 상대할 수 없을 정도로 비상한 사람이에요.

053 □ 아는 체를 했으나 결국은 틀려서 마각을 드러내고 만 셈이군요.

054 □ 아무리 주의를 줘도 모르니까 이제 정나미가 떨어졌어.

055 □ 아이들의 학력 저하가 큰 문제가 되고 있어요.

056 □ 아주 화려하고 잘 어울립니다.

057 □ 아직 결정하지 않았으니까, 일단 거기에 놓아두세요.

058 □ 야마다 씨에게는 정말 머리가 숙여집니다. (존경합니다.)

059 □ 어려워서 도저히 합격할 자신이 없습니다.

060 □ 어른이 되어서도 부모에게 얹혀사는 젊은이가 늘었어요.

- お酒が飲めない人がいると思うけど。
- 試行錯誤を繰り返した末に、やっと成功したわけですね。
- テストだと言ってもたいしたもんじゃないから、1日ぐらいは大丈夫です。
- 新製品のサンプルを無くしてしまったんです。
- 審判の目をごまかすとは、選手の風上に置けないひとですよ。
- 知ったかぶりをしたが、結局まちがえて馬脚をあらわしたわけですね。
- いくら注意しても分からないんだから、もう愛想をつかしたよ。
- 子供の学力の低下が大きな問題になっていますよ。
- とても華やかでよくお似合です。
- まだ、決めてないから、取りあえず、そこに置いておいてください。
- 山田さんにはほんとうに頭が下がります。
- 難しくてとても合格できる自信がありません。
- 大人になってからも親のすねをかじっている若者がふえてきましたね。

061 □ 어제 간 식당, 흠잡을 데 없었죠?

062 □ 어제의 패배가 영향을 주어 아직까지도 기운이 없어요.

063 □ 언제나 아내에게 요리사라고 불릴 정도입니다.

064 □ 여름이 끝난 해수욕장은 적막하기 그지없다.

065 □ 역시 다나카 씨, 발상이 다르군요.

066 □ 역시 집사람이 손수 만들어 주는 음식이 제일이죠.

067 □ 역시 촉감이 부드러운 것이 좋은데요.

068 □ 오늘은 평소보다 이르군요.

069 □ 오랜만이구나. 잠시 안 만난 사이에 또 자랐구나.

070 □ 요새 이 디자인이 많이 팔립니다.

071 □ 요즘 젊은 사람들의 옷의 취향은 개인차가 심하군요.

072 □ 이 가게는, 술집이지만 맛있는 요리를 내놓는 것으로 유명합니다.

073 □ 이 도시에도 젊은이들이 많아졌군요.

074 □ 이 맥주, 꽤 맛있네요.

075 □ 이 방의 방세는 꽤 비싸군요.

076 □ 이 사업은 아무리 해도 채산이 맞지 않았습니다.

- 昨日行った食堂、文句なかったでしょう(?)。
- 昨日の負けが尾を引いて、いまだに元気がないんですよ。
- いつも家内に板前っていわれるほどです。
- 夏が終わった海水浴場は火が消えたようですね。
- さすが田中さん、発想が違いますね。
- やっぱり家内の手作りが一番ですよ。
- やっぱり肌触りがやわらかい方がいいですね。
- 今日はいつもより早いですね。
- しばらくだね。ちょっと会わないうちに、また大きくなったね。
- 最近このデザインが売れ筋です。
- 最近の若い人の服の好みは個人差が甚だしいですね。
- このお店、飲み屋だけどおいしい料理を出すので有名なんです。
- この町にも若い人が多くなりましたね。
- このビール、なかなかおいしいですね。
- この部屋の家賃はずいぶん高いですね。
- この事業はどうやっても採算がとれなかったんです。

077 ☐ 이 점심, 양이 많아서 상당히 배부르죠?

078 ☐ 이 정도 규모는 일본에서도 좀처럼 찾아볼 수가 없습니다.

079 ☐ 이 컴퓨터 화면, 조금 보기 불편하군요.

080 ☐ 이거, 급한 일인데, 먼저 해 주겠어?

081 ☐ 이것은 각 역마다 정차하므로 좀 시간이 걸립니다.

082 ☐ 이번 선거에서도 투표율은 지난번을 밑돈 것 같네요.

083 ☐ 이번에 보도된 이 사건은 빙산의 일각입니다.

084 ☐ 이야기는 제자리를 맴돌기만 할 뿐, 전혀 진전이 없었어요.

085 ☐ 이제 와서 후회해도, 이미 지난 일이에요.

086 ☐ 이쪽이 내구성이 더 뛰어납니다.

087 ☐ 이쪽이 더 잘 어울릴 것 같은데요.

088 ☐ 일본의 요리는 어느 것이나 배색이 좋군요. 특히 초밥 등은.

089 ☐ 자네가 실수를 하다니, 좀처럼 없는 일이잖아?

090 ☐ 잘 팔리는 상품이나 인기가 있는 사람이 하는 것은 금방 흉내를 내 버리게 되는군요.

091 ☐ 저 사람은 언제나 겸손하고 느낌이 좋은 사람이군요.

- このランチ、ボリュームたっぷりでなかなか食べごたえがあるでしょう(?)。
- これほどまでの規模は日本でもめったに見かけられません。
- このパソコンの画面、ちょっと見にくいですね。
- これ、急ぎの仕事だから、先にやってくれる(?)。
- これは各駅停車なので、少し時間がかかります。
- 今回の選挙でも、投票率は前回を下回ったようですね。
- 今回報道されたこの事件は、氷山の一角ですよ。
- 話し合いは堂々巡りをして、ぜんぜん前に進まなかったんですよ。
- いまさら悔んでみても、もう後の祭りですよ。
- こちらの方が耐久性に優れております。
- こちらの方がお似合いだと思います。
- 日本の料理はどれも彩りがよいですね。特にお寿司などは。
- 君がミスをするなんて、珍しいじゃない。
- よく売れる商品や人気のある人のやることはすぐ真似をされちゃいますね。
- あの人はいつも腰が低くて感じのいい人ですね。

092 □ 전적으로 부장님 덕택입니다.

093 □ 정말! 일반인도 들을 수 있네. (수업이나 강의)

094 □ 정부는 제로 금리 정책을 내세워서 소비 확대를 도모하고 있습니다.

095 □ 주인공이 귀여워서 단번에 좋아하게 됐어요.

096 □ 집에서 체육관까지는 엎드리면 코 닿을 정도야. 매일 다녀도 아무렇지도 않아.

097 □ 치켜세워주니까 완전히 우쭐대고 있군요.

098 □ 테니스라면 현 대회에서 우승한 그를 능가할 사람은 없지요.

099 □ 특히 노인 분들이 좋아합니다.

100 □ 평상시 좋은 것만 먹어서, 사장은 입이 고급이야.

101 □ 휴일에도 여기저기 외출하여 자리에 붙어있을 겨를이 없을 정도입니다.

- ひとえに部長のおかげです。
- 本当。一般の人も受けられるんだ。
- 政府はゼロ金利対策を打ち出して、消費の拡大を図っています。
- 主人公がかわいいのでいっぺんに好きになりました。
- 家からジムまでは目と鼻の先でさ、毎日通っても平気なんだ。

- おだてられて、すっかり図に乗ってますね。
- テニスなら、県大会優勝の彼の右に出る者はいないでしょう。
- 特にお年よりに喜ばれます。
- いいものを食べなれているから、社長は口がおごってるんだよ。
- 休日もあちこち出かけて、席の暖まる暇もないくらいですよ。

STEP 8 원인, 이유

001 □ 가게는 아침부터 아주 혼잡해서 손님 응대로 정신이 없었습니다.

002 □ 그 사람이 말하는 것은 추상적이라서 초점을 잡기가 힘들어요.

003 □ 낮에는 집에 없을 거니까, 가능한 한 늦은 시간으로 해 주세요.

004 □ 내일은 접대가 있으니까 저녁은 밖에서 먹고 올 거야.

005 □ 너무 자만했기 때문이에요.

006 □ 너무 즐거워서 시간 가는 줄도 몰랐어요.

007 □ 넘어져서 무릎이 까졌습니다.

008 □ 담배가 떨어져서 잠깐 사 오겠습니다.

009 □ 당신 뜻대로 안 된다고 해서 아무데나 화풀이를 하는 게 아니에요.

010 □ 더위 속을 걸었더니, 목이 마릅니다.

011 □ 도움이 되지 못해서 죄송합니다.

012 □ 땀으로 몸이 끈적끈적합니다.

013 □ 마감일이 다가오고 있기 때문에 내일까지 기다릴 수 없어요.

- 店は朝から大混雑で、客の応対にてんてこ舞いだったんです。
- 彼の言うことは抽象的で、焦点がつかみにくいですね。
- 昼間は家にいないと思うので、できるだけ遅い時間にしてください。
- 明日は接待だから、夕飯は外で食べてくるよ。
- 調子に乗るからですよ。
- あまりにも楽しかったので、時間のたつのも忘れるくらいでした。
- 転んでひざをすりむきました。
- たばこが切れたから、ちょっと買ってきます。
- あなたが思うようにいかないからといって、八つあたりするもんじゃないですよ。
- 暑い中を歩いたので、のどがからからです。
- お役に立てなくて申し訳ございません。
- 汗で、体がべたべたなんですよ。
- 締め切りが迫っているので、明日まで待ちきれませんよ。

014 □ 마지막 전철을 타야 하므로, 저는 그만 가보겠습니다.

015 □ 마침 재고가 없어서 주문하셔야 되는데요.

016 □ 머리카락이 부스스해서 미용실에 다녀왔습니다.

017 □ 모처럼입니다만, 오늘은 몸이 좀 안 좋아서….

018 □ 백화점은 연말연시가 대목이기 때문이지요.

019 □ 보안검사가 생각보다 엄격하지 않아 맥이 빠졌다.

020 □ 부서지기 쉬우니 주의하십시오.

021 □ 부모님이 손자 응석을 다 받아줘서 걱정입니다.

022 □ 불황이므로, 어쩔 수 없는 면도 있겠군요.

023 □ 비 때문에 끝내 보이지 않았습니다.

024 □ 사람의 내면은 남에게는 제대로 보이지 않는 법이에요.

025 □ 상황에 따라서는 다시 아시아가 금융 위기에 휩쓸릴 수도 있습니다.

026 □ 선물할 거니까 예쁘게 포장해 주세요.

027 □ 선배가 일을 도와 달라고 하는 바람에요….

028 □ 숙취로 고생했어요.

029 □ 아침부터 쭉 서 있어서 다리가 뻣뻣해졌습니다.

- 終電に乗るので、私はそろそろ失礼します。
- あいにく在庫がございませんので、お取り寄せになりますが。
- 髪の毛がぼさぼさなので、美容院に行ってきました。
- せっかくですが、今日はちょっと体の調子が悪くて。
- デパートは年末年始が書き入れ時だからですよ。
- セキュリティーチェックが思ったより厳しくなかったから、拍子抜けしちゃった。
- 壊れやすいのでご注意ください。
- 両親が孫に甘くて、困っているんですよ。
- 不況ですので、仕方がない面もあるんですね。
- 雨でとうとう見えませんでした。
- 人の内面は他人にはちゃんと見えないものなんです。
- 状況次第ではまたアジアが金融危機に襲われることもあります。
- プレゼントにするのできれいに包んでください。
- 先輩に仕事を手伝わせられて。
- 二日酔いで大変でしたよ。
- 朝からずっと立ち通しで足が棒になっちゃいました。

030 □ 안 그래도 어려운 판에 보험이라니요.

031 □ 안색이 안 좋네요. 어디 아파요?

032 □ 애당초, 금융위기가 일어난 원인은 무엇이었던 겁니까?

033 □ 약간 더우니까 창문을 열게요.

034 □ 어째서 같이 가지 않는 겁니까?

035 □ 영어를 잘 못해서 걸림돌이 되고 있어요.

036 □ 오늘은 일이 잔뜩 있어, 늦어질 것 같아요.

037 □ 요즘 바빠서 골프는 생각도 못합니다.

038 □ 요즘 어깨가 결려서 죽겠어요.

039 □ 위 검사는 공복 상태에서 하므로, 오늘밤부터는 물도 마시면 안 됩니다.

040 □ 이제 다리가 아파서 못 견디겠어요.

041 □ 잔돈이 없어서 미안하군요.

042 □ 정면 현관은 닫혀 있으니, 뒷문으로 돌아가세요.

043 □ 좋아하신다고 들어서 사 놨어요.

044 □ 죄송합니다. 전화 상태가 나빠서 잘 안 들립니다.

045 □ 집중이 안 되니까 텔레비전을 꺼주지 않을래?

- そうでなくても苦しいのに保険なんて。
- 顔色が悪いですね。どうしましたか。
- そもそも、金融危機がおきた原因はなんだったのでしょうか。
- ちょっと暑いから窓を開けますね。
- どうして一緒に行かないんですか。
- 英語が苦手で、足を引っ張ってるんです。
- 今日は仕事がどっさりあるので、遅くなりそうです。
- このところ忙しくてゴルフどころじゃないんです。
- 最近、肩が凝って困ります。
- 胃の検査は空腹の状態でしますから、今夜からは水も飲んではいけません。
- もう足が痛くてたまりませんよ。
- 細かいのがなくて、悪いですね。
- 正面玄関は閉まっているので、裏口に回ってください。
- お好きだと聞いたので、買っておきました。
- すみません。電話が遠くて、よく聞こえないんです。
- 気が散るからテレビを消してくれない(?)。

046 ☐ 표면상의 이유는 그렇다고 하지만 사실은 그렇지 않습니다.

047 ☐ 하루 종일 밖을 걸어 다녀서 땀을 흠뻑 흘렸습니다.

048 ☐ 하루에 이렇게 (많이는) 못 먹어요.

049 ☐ 허리가 아파서 무거운 건 못 듭니다.

▶ 表向きの理由はそうなんだけれど、ほんとうは違うんですよ。

▶ 一日中外を歩いて、汗をびっしょりかきました。

▶ １日でこんなに食べきれませんよ。

▶ 腰が痛くて、重いものは持てません。

STEP 9

의지

001 □ 건물 밖에서 만납시다.

002 □ 결혼식 답례품으로 우산을 모두에게 줄 예정입니다.

003 □ 고령화 사회에 대비해서 모두 저축을 소비로 돌리려고 하지 않아요.

004 □ 그도 함께 오도록 권할 생각입니다.

005 □ 그럼 나도 부탁해 볼까?

006 □ 그럼 회사로 돌아가서 검토한 뒤에 답변 드리겠습니다.

007 □ 그럼, 슬슬 끝낼까요?

008 □ 기일까지는 공사를 마치도록 힘쓰겠습니다.

009 □ 나도 저렇게 되면 좋겠어요.

010 □ 난 술을 마시기 전에 우유를 마시도록 하고 있어요.

011 □ 내년에 일본에 갈 생각이에요.

012 □ 내일 오후에 다시 찾아 뵙겠습니다.

013 □ 다음 달에 이사를 가게 되었습니다.

014 □ 대신 일을 해 줄까요?

015 □ 되든 안 되든 해 보겠습니다.

- 建物を出たところで会いましょう。
- 結婚式の引き出物に傘をみなさんにあげる予定です。
- 高齢化に備えてみんな貯蓄を消費に回そうとしないんです。
- 彼も一緒に来るように誘うつもりです。
- それじゃ、私からもお願いしてみようかな。
- では、社に戻って検討してからお返事いたします。
- じゃあ、そろそろお開きにしましょうか。
- 期日までに工事が完成するように努めます。
- 私もあんなふうになれたらいいですね。
- 僕は酒を飲む前に、牛乳を飲むようにしているんです。
- 来年日本に行くつもりなんです。
- また明日の午後伺わせていただきます。
- 来月引っ越しをすることになってしまいました。
- 仕事を代わってあげましょうか。
- 一か八かやってみます。

016 □ 말씀을 전해 드릴까요?

017 □ 바로 새 것과 교환하겠습니다.

018 □ 바쁜 것 같네요. 뭐 좀 도와드릴까요?

019 □ 보다 좋은 상품 개발을 위해 협력하고 싶습니다.

020 □ 부인의 생일 선물은 무엇을 할 생각입니까?

021 □ 새로 생긴 슈퍼마켓에 가 볼래요?

022 □ 시간이 있으니까 차로 바래다 드릴까요?

023 □ 아파트를 구하고 있는데요.

024 □ 앞으로도 오랫동안 거래를 하게 되길 바랍니다.

025 □ 어디서 내릴 예정이었나요?

026 □ 어제 너랑 같이 있었던 걸로 해 주지 않겠어? 말을 맞춰 줬으면 해.

027 □ 어차피 내친 걸음입니다. 마지막까지 협력하겠습니다.

028 □ 여름휴가에는 느긋하게 여행을 하고 싶네요.

029 □ 오늘 회식, 잠깐 동안만 참석할게요.

030 □ 오늘은 오랜만에 진한 고기요리를 먹고 싶군요.

031 □ 왠지 공기가 나쁘지 않아? 창문을 열고 공기를 환기시키자고.

- ご伝言を承りましょうか。
- すぐ新しいものとお取り替えいたします。
- 忙しそうですね。何か手伝いましょうか。
- よりよい商品の開発のために一役買いたいんです。
- 奥さんの誕生日プレゼントは、何にするつもりですか。
- 新しくできたスーパーへ行ってみましょうか。
- 時間がありますから、車でお送りしましょうか。
- アパートを探しているんですが。
- これからも長くお付き合いさせていただきたいと思います。
- どこで降りるつもりだったんですか。
- 昨日、君と一緒にいたことにしてくれない(?)。口裏を合わせて欲しいんだ。
- どうせ乗り掛かった船です。最後まで協力しますよ。
- 夏休みにはゆっくり旅行がしたいですね。
- 今日の飲み会、ちょっとだけ顔を出します。
- 今日はひさしぶりにこってりした肉料理がたべたいですね。
- なんか空気が悪くない(?)。窓を開けて空気を入れ換えようよ。

032 □ 우승까지는 아니더라도 3위 정도는 하고 싶습니다.

033 □ 응모서류는 일체 반환하지 않습니다.

034 □ 이 과자를 3개 더 주셨으면 해요.

035 □ 이 연구에 뼈를 묻을(일생을 바칠) 각오입니다.

036 □ 이 일, 가능하면 오늘 중으로 부탁하고 싶습니다만.

037 □ 이 일은 어떻게든 과장님의 손을 빌리지 않고 하고 싶단 말야.

038 □ 이 책은 항공편으로 발송됩니다.

039 □ 이번 주말엔 어떻게 할 계획이죠?

040 □ 이번 토요일에 어디로 갈까요?

041 □ 이번에 결혼하게 되었습니다.

042 □ 이번에 역 앞에 찻집을 내기로 했습니다.

043 □ 이번에야말로 담배를 끊기로 작정했어.

044 □ 인생을 다시 시작한다면, 다음은 어떤 일생을 보내고 싶습니까?

045 □ 입금이 확인 되는대로 상품을 보내드리겠습니다.

046 □ 잡지의 신규 구독을 할까 하는데요.

047 □ 저라도 괜찮다면 기꺼이 맡겠습니다.

- 優勝とはいかないまでも3位ぐらいにはなりたいです。
- 応募書類は一切返却しません。
- このお菓子をあと3つ欲しいんですが。
- この研究に骨をうずめる覚悟です。
- この仕事、できれば今日中にお願いしたいんですが。
- この仕事は何とか課長の手を借りずにやりたいのよ。
- この本は航空便で発送されます。
- 今度の週末はどうするつもりですか。
- 今度の土曜日、どこへ行きましょうか。
- 今度結婚することになりました。
- 今度駅前に喫茶店を出すことにしました。
- 今度こそはたばこをやめようと決めたんだ。
- 人生がやり直せるとしたら、次はどんな一生を送りたいですか。
- ご入金が確認され次第、商品を送らせていただきます。
- 雑誌の新規購読をお願いしたいんですが。
- 私でよろしければ、喜んで引き受けます。

048 □ 저로서는 꼭 오카다 씨한테 부탁하고 싶어요.

049 □ 좀 어둡네요. 불을 켤까요?

050 □ 죄송합니다만, 다음 주 약속을 변경하고 싶은데요.

051 □ 주말에 1박으로 온천에 가고 싶은데요.

052 □ 주문해 드릴까요?

053 □ 커피는 식사 전에 하시겠습니까? 나중에 하시겠습니까?

054 □ 환불은 해드릴 수 없습니다.

055 □ 힘드실 것 같군요. 도와드릴까요?

- 私としてはぜひ岡田さんにお願いしたいと思ってるんです。
- ちょっと暗いですね。電気をつけましょうか。
- 申しわけありませんが、来週の予約を変更したいんですが。
- 週末、一泊で温泉に行きたいんです。
- お取り寄せしましょうか。
- コーヒーはお食事の前になさいますか、後になさいますか。
- 払い戻しはいたしかねます。
- 大変そうですね。お手伝いしましょうか。

STEP 10 완료, 결론

001 ☐ 감사합니다. 그런데 아직 멀었습니다.

002 ☐ 감쪽같이 한방 먹은 거구나.

003 ☐ 겨우 차례가 돌아왔습니다.

004 ☐ 구입하신 냉장고는 내일까지 배달해 드리겠습니다.

005 ☐ 그 서류는 수리됐습니까?

006 ☐ 그건 마침 막 끝낸 참입니다.

007 ☐ 그러시다면 아주 제격인 게 있지요.

008 ☐ 그런 심부름이라면 문제없습니다.

009 ☐ 그렇게 함으로써 인간과 사이가 좋아지는 것입니다.

010 ☐ 그의 의견에 100% 찬성하는 것은 아닙니다.

011 ☐ 남편은 지금 외출했는데요.

012 ☐ 내릴 곳을 지나쳐 버렸어요.

013 ☐ 내일 협의 건, 아직 결정되지 않았습니까?

014 ☐ 너무 오래 있었군요. 이제 그만 가보겠습니다.

- 恐れ入ります。でも、まだまだです。
- まんまといっぱい食わされたわけだね。
- やっと順番が回ってきました。
- お買い上げの冷蔵庫は明日までにお届けします。
- その書類は受理されたんですか。
- それはちょうど仕上げたところです。
- それでしたら、もってこいのがありますよ。
- そんなお使いならおやすいご用ですよ。
- そうすることによって、人間と仲よくできるようになるんです。
- 彼の意見に100パーセント賛成している訳ではありません。
- 主人はただいま出かけておりますが。
- 乗り過ごしてしまいました。
- 明日の打ち合わせの件、まだ決まっていないんですか。
- すっかり長居をいたしまして、そろそろ失礼いたします。

015 □ 논문 원고는 오늘 중으로 받지 않으면, 인쇄소에 보낼 수가 없는데요.

016 □ 늦잠을 자 버렸습니다.

017 □ 다나카 씨 집은 아주 편안하군요.

018 □ 다음 주까지, 취직인지 진학인지 결론을 내 주세요.

019 □ 다음 책임자로는 자네를 추천해 뒀네.

020 □ 단숨에 마셔 버렸습니다.

021 □ 돈이 더 들 것이라고 생각했는데 만 엔으로 해결됐다.

022 □ 마치 소 귀에 경 읽기군. 벌써 잊어버렸단 말이야?

023 □ 미안해요. 오래 기다리게 해서.

024 □ 벌써 며칠째 열대야가 계속되고 있잖아요.

025 □ 보고서는 이제 완성되었습니까?

026 □ 부장님, 이달 사보 보았습니다.

027 □ 사원 여행 일정은 이제 정해졌습니까?

028 □ 서랍 열쇠를 잃어버렸어요.

029 □ 손님, 이 차량은 금연으로 되어 있습니다.

030 □ 신제품 출하 수량에 조금 말썽이 생겼습니다.

- 論文の原稿は今日中にいただかないと、印刷に回せなくなってしまうんですが。
- 寝坊してしまったんです。
- 田中さんのお宅はとても居心地がいいですね。
- 来週までに、就職か進学か結論を出してください。
- 次の責任者には君を推薦しておいたよ。
- 一気に飲んじゃいました。
- もっとお金がかかると思ったが一万円で済みました。
- まるで馬の耳に念仏だよ。もう忘れちゃったの(?)。
- ごめんなさい。長く待たせちゃって。
- もう何日も熱帯夜が続いてるんでしょう。
- 報告書はもうできましたか。
- 部長、今月の社内報、拝見しました。
- 社員旅行の日程はもう決まりましたか。
- ひきだしのかぎをなくしてしまったんです。
- お客様、こちらの車両は禁煙になっております。
- 新製品の出荷数でちょっと揉めました。

031 □ 아! 큰일 났다. 벌써 8시다. 늦잠을 자 버렸다.

032 □ 아까 새 것으로 교체하였습니다.

033 □ 아뇨, 그렇지 않습니다. 아직 멀었습니다. (상대가 칭찬을 할 때)

034 □ 아직 단념한 것은 아닙니다.

035 □ 앞으로 5분밖에 없어요.

036 □ 약속한 돈을 드리겠습니다.

037 □ 어쩐지, 겨울에서 눈 깜짝할 사이에 여름이 되었네요.

038 □ 어쩔 수 없군요. 내일까지 제출하세요.

039 □ 언제나 게으름만 피우고 있군요.

040 □ 여러 의견 고마워. 어쩐지 용기가 생겼어.

041 □ 여름에는 결국 어디에도 갈 수 없었어요.

042 □ 여행은 중지되었습니까?

043 □ 오늘 아침, 새벽녘에 지진이 났었어.

044 □ 오늘 일기예보는 빗나갔군요.

045 □ 오늘은 바쁘신 중에도 일부러 찾아주셔서 감사합니다.

046 □ 오전 접수는 끝났습니다만.

047 □ 은행에서 찾은 돈을 몽땅 소매치기 당해 버렸습니다.

- あ、いけない。もう8時だ。寝坊しちゃった。
- さっき新しいのに取り替えました。
- いいえ、そんなことありません。まだまだです。
- まだ諦めたわけではありません。
- あと5分しかありませんよ。
- 約束のお金をお渡しします。
- 何か、冬からあっという間に夏になりましたね。
- 仕方ないですね。あしたまでに出してください。
- いつも怠けてばかりいますね。
- いろいろ意見ありがとう。なんか、勇気がわいてきたよ。
- 夏はとうとうどこへも行けませんでした。
- 旅行は中止になったんですか。
- 今朝、明け方、地震があったね。
- 今日の天気予報は、外れですね。
- 今日はお忙しいところわざわざ恐れ入ります。
- 午前の受付は終了してしまったんですが。
- 銀行で下ろしたお金を丸々すられてしまったんです。

048 □ 이 길을 곧장 가면 왼쪽에 우체국이 있습니다.

049 □ 이 맑고 푸른 하늘, 도시의 탁한 하늘과는 비교가 안 돼.

050 □ 이 모자 내가 떴어요. 색깔 좋죠?

051 □ 이 카드 몇 번이나 넣어도 자동개찰 문이 닫혀 버리네!

052 □ 이사 준비는 이제 다 끝났습니까?

053 □ 이젠 지겨워요.

054 □ 일하는 게 좀 야무지지 않아요.

055 □ 잘 하시는군요.

056 □ 저 가게는 언제 보아도 손님이 적군요.

057 □ 저한테 맡겨 주세요.

058 □ 저희는 취급하지 않습니다만.

059 □ 전철에서 정기권을 잃어 버렸습니다.

060 □ 젊은이들은 이상을 향해 적극적으로 노력해야 해요.

061 □ 점심 식사는 (벌써) 하셨습니까?

062 □ 정가에는 소비세 5%가 포함되어 있지 않습니다.

063 □ 죄송하지만, 품절됐습니다.

- この道をまっすぐ行くと、左手に郵便局があります。
- この青く澄んだ空、都会のよどんだ空とは、比べ物にならないよ。
- この帽子、わたしが編んだんです。いい色でしょう。
- このカード、何度入れても自動改札の扉がしまっちゃうんだ。
- 引っ越しの準備はもう終わりましたか。
- もうこりごりです。
- 仕事にちょっと甘いですね。
- お上手ですね。
- あの店はいつ見てもお客さんが少ないですね。
- わたしに任せといてください。
- 当店では扱っておりませんが。
- 電車で定期券をなくしてしまいました。
- 若者は理想に向かって前向きに努力すべきですよ。
- 昼ご飯はもうお済みですか。
- 定価には消費税5%が含まれていません。
- あいにく品切れとなっております。

064 ☐ 주문은 결정하셨습니까? (주문하시겠습니까?)

065 ☐ 주문하신 책을 곧 갖다 놓겠습니다.

066 ☐ 주문한 것과 다른데요.

067 ☐ 축하해, 그 회사에 채용이 정해졌다면서?

068 ☐ 텔레비전이 안 나오게 되어 버렸습니다.

069 ☐ 포인트 카드를 이용하셔서 1,100엔 할인됩니다.

070 ☐ 품질관리에 문제는 없을 것입니다.

- ご注文はお決まりですか。
- すぐご注文の本をお取り寄せします。
- 注文したものと違うんですが。
- おめでとう。あの会社に採用決まったんだって(?)。
- テレビが映らなくなってしまいました。
- ポイントカードのご利用で、1,100円の割引になります。
- 品質管理に問題はないはずです。

STEP 11 경향, 상황, 상태

001 □ 12월 4일부터 2박을 하고 싶은데요. 싱글은 비어 있나요?

002 □ 1주일 정도 늦어질 전망입니다.

003 □ 가격은 어느 정도 하나요?

004 □ 가져가실 건가요, 아니면 배달을 원하십니까?

005 □ 가족 분께서는 벌써 비행기를 타셨나요?

006 □ 가족 분이 교통사고를 당했다고 들었는데, 괜찮으셨습니까?

007 □ 감기로 기침이 멈추질 않아요.

008 □ 거래처에 가면 길이 막혀 늦어질 것 같은데요.

009 □ 건강하신 것 같아 다행입니다.

010 □ 겨우 밝은 전망을 할 수 있게 되었습니다.

011 □ 계속해서 덥네요.

012 □ 고바야시 씨, 컴퓨터가 켜진 채로 있었어요.

013 □ 공교롭게도 그날은 출장을 갈 예정이 있어서요.

014 □ 공교롭게도 지금은 다른 전화를 받고 있는데요.

- 12月4日から2泊したいんですが、シングルは空いていますか。
- 1週間ぐらい遅れる見込みです。
- 値段はどのくらいするんですか。
- お持ち帰りですか、それとも配達をご希望ですか。
- ご家族はもう飛行機に乗っていますか。
- 家族の方が交通事故に遭われたって聞いたんですけど、だいじょうぶだったんですか。
- 風邪で咳が止まらないんです。
- 取引先に行ったら道が込んでいて遅れそうなんですよ。
- お元気そうで何よりです。
- ようやく明るい見通しができました。
- いつまでも暑いですね。
- 小林さん、パソコンがつけっぱなしになってましたよ。
- あいにく当日は出張の予定がございまして。
- あいにく今はほかの電話に出ておりますが。

015 □ 공장을 중국으로 이전한대요.

016 □ 과장님, 말씀하신 도면이 완성되었습니다.

017 □ 과장님이 입원했답니다.

018 □ 과장님이 화를 내어도, 나는 아무렇지도 않아.

019 □ 광우병이 문제가 되어, 최근에는 어딜 가나 그 이야기 뿐입니다.

020 □ 그 가수, 요즘 활약이 뜸하군요.

021 □ 그 구두 신기 편합니까?

022 □ 그 사람은 말하는 것은 서투르지만, 남의 말을 잘 들어주는 사람입니다.

023 □ 그 영화, 아직 하고 있습니까?

024 □ 그 옷 아주 잘 어울리네.

025 □ 그 회사, 재정상태가 매우 안 좋다던데, 정말입니까?

026 □ 그거 정말 좋은 곳을 찾았네요.

027 □ 그녀는 이해도 상당히 빠르고, 센스가 있어요.

028 □ 그녀는 자주 아파서 집에 있습니다.

029 □ 그래서 요일은 정해졌나요?

030 □ 그러고 보니 이삿짐에 「위, 아래를 거꾸로 하지 말 것」이라는 종이가 붙어있었어요.

- 工場を中国に移すそうですよ。
- 課長、例の図面が上がってきました。
- 課長が入院したそうです。
- 課長に怒られたって、私は痛くもかゆくもないよ。
- 狂牛病が問題になって、最近はどこに行ってもその話で持ち切りですよ。
- あの歌手、このごろ影が薄いですね。
- その靴、履きやすいですか。
- あの人は口下手だが、聞上手ですよ。
- その映画、まだやっていますか。
- その服とても似合ってるね。
- あの会社、火の車だっていうけど、本当なんですか。
- それはいいところを見つけましたね。
- 彼女はなかなか飲み込みが早いし、気が利きますよ。
- 彼女は病気がちで家にいます。
- それで、曜日は決まりましたか。
- そういえば、引っ越しの荷物に「天地無用」というシールがはってありましたね。

031 ☐ 급한가요?

032 ☐ 낱개 판매도 합니다.

033 ☐ 네 쌍 중 한 쌍이 이혼하는 시대래요.

034 ☐ 다나카 씨, 잠깐 괜찮으세요?

035 ☐ 다리를 삐었습니다.

036 ☐ 다이어트를 하신다고 하던데.

037 ☐ 단풍의 계절이 되었군요.

038 ☐ 대개 1주일 정도면 도착할 겁니다.

039 ☐ 들고 다니기 편리합니다.

040 ☐ 마음에 짚이는 데가 없는데, 공연히 의심을 받다니 너무하군요.

041 ☐ 마치 산이 불타고 있는 듯합니다. (단풍의 풍경)

042 ☐ 만족스러우시다니 다행입니다.

043 ☐ 머리가 아프고 열이 납니다.

044 ☐ 목이 마르네요.

045 ☐ 무늬 있는 셔츠뿐이군요.

046 ☐ 무슨 일이 있었죠?

- 急いでいるんですか。
- ばら売りもございます。
- 4組に1組が離婚する時代ですって。
- 田中さん、ちょっとよろしいですか。
- 足を挫いたんです。
- ダイエットをしているんですって(?)。
- 紅葉の季節になりましたね。
- だいたい1週間ほどでお届けできると思います。
- 持ち歩きに便利です。
- 身に覚えがないのに、濡れぎぬを着せられるなんてひどいですね。
- まるで山が燃えているようです。
- ご満足いただけて、幸いです。
- 頭が痛くて、熱があるんです。
- 喉が渇きましたね。
- 柄物のシャツばかりですね。
- 何かあったんでしょう。

047 □ 물건을 잃어버려도 요즘 아이들은 찾지 않아요.

048 □ 뭘 해도 안 되니까 속이 부글부글 끓는다.

049 □ 미안. 지금 갖고 있는 돈이 없어.

050 □ 바람 덕분에 빨래가 잘 말랐어요.

051 □ 바람이 조금 차가워졌군요.

052 □ 바쁜데 미안해.

053 □ 배탈이 났습니다.

054 □ 벌써 완연히 가을이군요.

055 □ 범인으로 오인되어 모두 이상한 눈으로 보고 있어요.

056 □ 별로 좋지 않습니다. (좋지 않은 이야기나 소문, 결과)

057 □ 본사에서 부품을 주문해서 가져와야 하니까 7일 정도 걸릴 것 같은데요.

058 □ 부인이 여행 중이라면서요? 식사는 어떻게 하고 계십니까?

059 □ 부장님, 상당히 기분이 상했군요.

060 □ 비가 계속 오면, 방 안까지 눅눅해져서, 기분이 안 좋아요.

061 □ 비용은 생각보다 싸게 들었습니다.

062 □ 빌린 책을 잃어버려서, 볼 낯이 없습니다.

- 落し物をしても、最近の子はさがさないんですよ。
- 何をしてもだめで、むしゃくしゃする。
- ごめん。今、持ち合わせがないんだ。
- 風のおかげで、洗濯物がよく乾きました。
- 風が少し冷たくなりましたね。
- 忙しいのに悪いね。
- お腹を壊したんです。
- もうすっかり秋ですね。
- 犯人にまちがわれ、みんなが白い目でみているんですよ。
- あまり芳しくないですよ。
- 本社から部品を取り寄せますので、7日ぐらいかかると思います。
- 奥さん、旅行中だそうですね。お食事はどうなさっているんですか。
- 部長、ずいぶん機嫌が悪いですね。
- 雨が続くと、部屋の中までじめじめして、気持ち悪いですよ。
- 費用は思ったより安く上がりました。
- 借りた本をなくしてしまい、合わせる顔がないです。

063 ☐ 빛이 바래거나 하지 않습니다.

064 ☐ 사장님의 격려 한마디가 내 심금을 울렸기 때문이에요.

065 ☐ 상당히 추워졌네요.

066 ☐ 새 차의 상태는 어때요?

067 ☐ 색다른 게 있군요.

068 ☐ 손에 땀을 쥐는 대 접전에, 정신 없이 응원했습니다.

069 ☐ 수업은 한 달에 세 번입니다.

070 ☐ 술집보다도 레스토랑이 조용하고 좋습니다.

071 ☐ 시간은 괜찮으시겠습니까?

072 ☐ 아니. 그럴 뿐만 아니라 집에서나 밖에서나 마구 뛰어다니고 있어요.

073 ☐ 아직 쓸 수 있는데 버리는 것은 아까워요.

074 ☐ 아침부터 왠지 안절부절 못하고 있지 않습니까?

075 ☐ 야~. 오랜만이다. 아주 많이 탔네.

076 ☐ 어떤 스포츠를 좋아합니까?

077 ☐ 어제 서류, 한번 훑어봤나?

078 ☐ 어제 그 액자, 어디에 장식했어요?

079 ☐ 어제 집 근처에서 불이 났습니다.

- 色あせたりしません。
- 社長の励ましの一言が、わたしの琴線に触れたからですよ。
- だいぶ寒くなりましたね。
- 新しい車の調子はどうですか。
- 珍しいものがありますね。
- 手に汗を握る大接戦に、夢中で応援しました。
- レッスンは月3回です。
- 居酒屋よりもレストランのほうが静かでいいです。
- ご都合はいかがですか。
- いや、それどころか、家でも外でも走りまわっていますよ。
- まだ使えるのに、捨てるのはもったいないですよ。
- 朝から何だかそわそわしていませんか。
- あ、久しぶり。ずいぶん焼けたね。
- どんなスポーツがすきですか。
- きのうの書類、目を通してくれた(?)。
- きのうの額、どこに飾りましたか。
- きのう、家の近くで火事がありました。

080 □ 어제는 부장님께 호출을 당해서, 귀찮았습니다.

081 □ 어제부터 한기가 들고, 머리가 아픕니다.

082 □ 어젯밤 이웃집에서 불이 났습니다.

083 □ 어째서 그 책을 갖고 있어요?

084 □ 어휴, 엉망진창이었어.

085 □ 엄청난 쓰레기네.

086 □ 엔고 현상도 꽤 안정되고 있지요.

087 □ 여기에서 할인 항공권도 취급하고 있습니까?

088 □ 여태 기다리다가, 좀 전에 나갔습니다.

089 □ 여행지에 닿자마자 그 길로, 집으로 돌아왔습니다.

090 □ 역 앞의 식당은 번창하는군요.

091 □ 오늘 아침, 새벽녘에 지진이 났었지.

092 □ 오늘 아침부터 몸 컨디션이 좋지 않습니다.

093 □ 오늘도 또 지각이군요.

094 □ 오늘은 맑다 흐리다 하는군요.

095 □ 오늘은 별로 마시지 않는군요.

- きのうは部長に呼ばれることになってしまって、いい迷惑でした。
- きのうから寒気がして、頭痛がしています。
- 夕べ近所で火事がありました。
- どうしてその本を持っていますか。
- もう、さんざんだったよ。
- すごいゴミだな。
- 円高も大分落ちついてきましたね。
- こちらで、格安航空券も扱っていますか。
- 今までお待ちしてたんですが、たった今出掛けたんですよ。
- 旅先からとんぼ返りで、家にもどってきました。
- 駅前の食堂は繁盛しますね。
- 今朝、明け方、地震があったね。
- 今朝から体の具合がよくありません。
- 今日もまた遅刻ですね。
- 今日は晴れたり曇ったりですね。
- 今日はあまり飲まないんですね。

096 ☐ 오늘은 비가 와서 좀 아쉽네요. (하필 오늘 비가 올게 뭐람.)

097 ☐ 오랜만에 날씨가 좋군요.

098 ☐ 올 1년은 금방 지나간 것 같아요.

099 ☐ 올해 여름 상품 판매는 어떻습니까?

100 ☐ 요즈음 운이 좋단 말이야.

101 ☐ 요즘 싱글벙글하는데, 무슨 좋은 일이라도 있었어?

102 ☐ 우울한 얼굴을 하고 있는데, 무슨 일 있었어?

103 ☐ 이 가게는 언제 와도 텅텅 비어 있네.

104 ☐ 이 수박은 달고 맛있군요.

105 ☐ 이 아이는 점잖구나.

106 ☐ 이 집은 이미 지은 지 30년으로, 여기저기서 덜거덕거립니다.

107 ☐ 이 책, 10페이지부터 14페이지까지 빠져 있어.

108 ☐ 이것은 일본에서 인기 있는 상품이라고 들었습니다만.

109 ☐ 이번 거래는 꼭 저희에게 맡겨주시면 고맙겠습니다만.

110 ☐ 이번 기획은 잘 될 것 같습니까?

111 ☐ 이번에 염원하던 홍보부로 배속이 되었습니다.

- 今日はあいにくの雨ですね。
- 久しぶりの上天気ですね。
- あっという間の一年でしたね。
- 今年の夏物商品の売れ行きはいかがですか。
- 最近、ちょっとついているんだ。
- 最近にこにこしているけど、何かいいことあったの。
- 浮かない顔してるけど、何かあったの(?)。
- この店はいつ来てもがらがらだね。
- このすいかは甘くておいしいですね。
- この子は大人しいね。
- この家は、もう築30年で、あちこちにがたがきています。
- この本、10ページから14ページまで抜けているよ。
- これは日本で人気のある商品だと伺っておりますが。
- 今回の取引はぜひともわたくしどもにやらせていただければありがたいんですが。
- 今度の企画はうまくいきそうですか。
- 今度念願の広報部へ配属になりました。

112 ☐ 이제 곧 아침이군요.

113 ☐ 이제 곧 오실 텐데요.

114 ☐ 일본에서는 즐겨 와인을 마십니까?

115 ☐ 잘 안 들려요.

116 ☐ 저 사람은 일도 안하고 매일 빈둥빈둥하고 있군요.

117 ☐ 저 요리사는 상당히 실력이 좋군요.

118 ☐ 저, 주문한 물건이 아직 안 왔는데요.

119 ☐ 저기요, 팩스가 와 있을 텐데요.

120 ☐ 저는 나이보다 늙어 보여요.

121 ☐ 저런, 창문이 열려 있군요.

122 ☐ 전시회 준비, 자네를 믿고 있어도 되겠지?

123 ☐ 전의 그 계획, 요즘 잘 되고 있지?

124 ☐ 정말 날씨가 변덕스럽군.

125 ☐ 정말 지하철은 번거롭군요.

126 ☐ 좀 헐렁하지 않을까요?

127 ☐ 죄송합니다. 길이 막혔어요.

128 ☐ 지금 막 출발했으니까요.

- そろそろ朝ですね。

- もうすぐお見えになると思います。

- 日本ではよくワインが飲まれていますか。

- よく聞こえません。

- あの人は仕事もしないで毎日ぶらぶらしていますね。

- あのシェフは、なかなかの腕前ですね。

- あのう、注文した品がまだ来ないんですけど。

- すみません、ファックスが届いているはずなんですが。

- わたし、年より老けて見られるんです。

- あれ、窓が開いていますよ。

- 展示会の準備、君のこと当てにしてもいいね。

- 例の計画、最近うまくいっているじゃないか。

- どうもはっきりしない天気だな。

- ほんとうに地下鉄は面倒ですね。

- ちょっとぶかぶかじゃありませんか。

- すみません、道が渋滞しました。

- 今出たばかりですから。

129 ☐ 차 운전 중 졸릴 때는, 껌을 씹으면 기분이 상쾌해져요.

130 ☐ 첫인상은 어떻습니까?

131 ☐ 최근 식품첨가물 문제가 신문이나 텔레비전을 떠들썩하게 하고 있어요.

132 ☐ 최근 애완동물 붐이 굉장하군요.

133 ☐ 컨디션이라도 나쁜 건가요?

134 ☐ 태풍이 또 온답니다.

135 ☐ 텔레비전 소리가 안 들리는데요.

136 ☐ 토요일도 회사에 갑니까?

137 ☐ 파일은 위에서 두 번째 서랍에 넣어두었어요.

138 ☐ 포근한 게 정말 봄날 같네.

139 ☐ 하늘이 무척 어둡군요.

- ▶ 車の運転中眠くなったときは、ガムをかむと気分がすっきりしますよ。
- ▶ 第一印象はいかがですか。
- ▶ 最近、食品添加物の問題が新聞やテレビを賑わせていますね。
- ▶ 最近のペットブームはすごいですね。
- ▶ 具合でも悪いんですか。
- ▶ また台風が来るそうですよ。
- ▶ テレビの音が聞こえないんですが。
- ▶ 土曜日も会社があるんですか。
- ▶ ファイルは上から2番目の引き出しに入れてあります。
- ▶ ぽかぽかと、まさに小春日和だ。
- ▶ 空がずいぶん暗いですね。

STEP 12 감탄, 동의, 소감

001 □ 갑자기 일이 생겨서 친구 집에 아이를 맡겼습니다.

002 □ 과연 그렇군요.

003 □ 과장님은 신입사원한테 후하군.

004 □ 그 레스토랑, 예상외로 음식이 맛있었지?

005 □ 그 맥주, 이제 좀 미지근해지지 않았습니까?

006 □ 그거 기다려지는군요.

007 □ 그거 안됐군요.

008 □ 그게, 말도 안하고, 곁에도 다가가지 않잖아?

009 □ 그냥 괜히 주는 거 없이 미운 것 뿐이야.

010 □ 그는 이해력이 빨라요.

011 □ 그럼 호의로 여겨 받겠습니다.

012 □ 그렇게 신경을 쓰시면 미안한데요.

013 □ 그렇군요.

014 □ 그렇습니까?

- 急に用事ができたので、友だちの家に子供を預かってもらいました。
- さすがですね。
- 課長は新入社員に甘いね。
- あのレストラン、案外おいしかったね。
- そのビール、もう生温くなってるじゃないですか。
- それは待ち遠しいですね。
- それは気の毒でしたね。
- だって口も利かないし、そばにも寄らないんじゃない(?)。
- ただ虫が好かないだけだよ。
- 彼は呑み込みが早いんですね。
- それじゃ、お言葉に甘えてちょうだいいたします。
- そんなに気を使っていただいては困ります。
- そうですね。
- そうなんですか。

015 ☐ 그렇지 않습니다.

016 ☐ 그렇지 않습니다.

017 ☐ 그렇지. (남의 주장을 긍정하며 맞장구 칠 때)

018 ☐ 글쎄요. 잘 모르겠는데요.

019 ☐ 기대하고 있겠습니다.

020 ☐ 나카무라 씨에게 맡기면 안심입니다.

021 ☐ 네, 괜찮습니다. / 이제 됐습니다. (사양)

022 ☐ 네, 그러세요? (그렇군요.)

023 ☐ 네, 내일 오전 중이라면 괜찮아요.

024 ☐ 네, 좋아요. (허락)

025 ☐ 네? 그래요? (놀라움)

026 ☐ 놀라게 하지 마. 주저 않는 줄 알았잖아.

027 ☐ 농담은 그만하세요.

028 ☐ 눈이 핑핑 돌 정도로 바빴어.

029 ☐ 대단하군요.

030 ☐ 돌아가는 버스 시각을 확인했더니, 40분 정도밖에 시간이 없어.

- そんなことありません。

- とんでもありません。

- なるほどね。

- さあ、ちょっと分かりませんが。

- 期待しております。

- 中村さんに任せれば安心ですよ。

- はい、結構です。

- はあ、そうですか(?)。

- ええ、あしたの午前中ならいいですよ。

- はい、いいですよ。

- へえ、そうですか。

- びっくりさせないでよ。腰が抜けるかと思ったじゃない。

- 冗談はやめてくださいよ。

- 目が回るほど忙しかったよ。

- すごいですね。

- 帰りのバスの時刻を確かめたら、40分ぐらいしか時間がないんだよ。

031☐ 또 전철요금이 올랐습니다.

032☐ 말할지 말지 무척 망설였는데.

033☐ 맞아요. 지당하신 말씀입니다.

034☐ 뭐든지 잘 아는군요.

035☐ 뭔가 들떠 있군요.

036☐ 미도리 씨는 성격이 온화하고 느긋하네요.

037☐ 미처 몰랐습니다.

038☐ 밤늦게 실례했습니다.

039☐ 벌써 시간이 이렇게 됐습니까? 이제 그만 가보겠습니다.

040☐ 부럽군요.

041☐ 부장님이 잘 정리되어 있다고 칭찬하셨어요.

042☐ 사례금과 보증금은 각각 집세의 2개월 분입니다.

043☐ 사토 씨는 느낌이 좋은 사람이군요.

044☐ 손을 대지 않은 자연을 관찰한다는 것은, 다른 장소에서는 좀처럼 경험할 수 없잖아.

045☐ 술은 좀. (거절)

046☐ 숲이 더욱 더 적어지겠군요.

- また電車賃が上がりました。
- 話そうかどうか、ずいぶん迷ったんだけど。
- そうですね。ごもっともです。
- 何でもよく知っていますね。
- なんだかうきうきしていますね。
- みどりさんはおっとりしていますね。
- 気がつきませんでした。
- 夜分、失礼しました。
- もうこんな時間ですか。そろそろ失礼します。
- うらやましいですね。
- 部長がよくまとまっているとほめていらっしゃいましたよ。
- 礼金と敷金はそれぞれ家賃の2ヶ月分です。
- 佐藤さんて感じのいい人ですね。
- 手を加えてない自然を観察するって、ほかの場所ではなかなか経験できないね。
- お酒はちょっと。
- 緑はどんどん少なくなっていきますね。

047 ☐ 슬슬 배가 고프네요.

048 ☐ 시합에 진 것 가지고 기죽지 마.

049 ☐ 실은, 아직 알게 된 지 얼마 안 돼요.

050 ☐ 쓸데없는 소리인지 모르지만.

051 ☐ 아, 그렇게 신경 안 쓰셔도.

052 ☐ 아, 큰일 났다.

053 ☐ 아~, 또 실패하고 말았어.

054 ☐ 아뇨, 괜찮습니다.

055 ☐ 아드님 부부와는 같이 사십니까?

056 ☐ 아쉽게도 예정된 시간이 되고 말았습니다.

057 ☐ 아직 멀었습니다.

058 ☐ 아직 잘 모르겠습니다.

059 ☐ 아차, 부장님한테 기획서 드리는 걸 깜박했네.

060 ☐ 야마다 씨, 감기에 걸려서 목소리가 안 나온대요.

061 ☐ 야아, 정말 아까웠어요.

062 ☐ 어린애 주제에 어른에게 주의를 주다니, 건방지군.

063 ☐ 어제 굉장히 기뻤어요.

- そろそろお腹がすきましたね。
- 試合に負けたくらいでへこむなよ。
- 実は、まだ知り合ったばかりです。
- 余計なことかもしれませんが。
- あ、そんなに気を使わなくても。
- あっ、しまった。
- あーあ、また失敗しちゃった。
- いいえ、大丈夫です。
- 息子さんご夫婦とは同居ですか。
- 残念ながら、予定の時間が来てしまいました。
- まだまだです。
- まだよくわかりません。
- しまった。部長に企画書渡すのを忘れちゃった。
- 山田さん、風邪を引いて声が出ないんですって。
- いや、実に惜しかったですね。
- 子供のくせに大人に注意をするなんて、生意気だぞ。
- きのうすごく嬉しかったです。

064 □ 어제 너무 창피했어요.

065 □ 어제 파티 아주 즐거웠어요.

066 □ 어제는 정말 대단했어.

067 □ 어젯밤에 푹 잤더니 머리가 맑아졌습니다.

068 □ 어쩔 수 없군요.

069 □ 어처구니가 없군요.

070 □ 열심히 하세요.

071 □ 예, 알겠습니다.

072 □ 오늘 아주 융숭한 대접을 받았습니다.

073 □ 오카다 씨는 머리가 비상하다고 소문이 났습니다.

074 □ 와타나베 씨는 모르는 사람과도 금세 친구가 되는군요.

075 □ 와타나베 씨는 정말로 노력파군요.

076 □ 요코하마 역은 어떻게 가면 됩니까?

077 □ 우리 사장님은 한번 말을 시작하면 (남의 말은) 듣질 않는다니까….

078 □ 유리잔도 식기도 반짝반짝거리는군요.

079 □ 이 문화센터의 강좌는 사람들에게 꽤 인기가 있어요.

080 □ 이 주변 소음으로 말할 것 같으면 일본에서 가장 심한 곳 아닙니까?

- きのうとても恥ずかしかったんです。
- きのうのパーティーとても楽しかったですよ。
- きのうは本当にすごかったね。
- 夕べぐっすり寝たので、頭がすっきりしました。
- しかたないですよ。
- とんでもないですね。
- がんばってください。
- はい、かしこまりました。
- 本日はすっかりごちそうになりまして。
- 岡田さんは頭が切れるって噂ですよ。
- 渡辺さんは知らない人とでもすぐ友だちになるんですね。
- 渡辺さんは本当に努力家ですよね。
- 横浜駅はどう行けばいいんですか。
- うちの社長、言い出したら聞かないんだから。
- グラスも食器もぴかぴかですね。
- この文化センターの講座は結構親しまれているんですよ。
- この辺りの騒音ときたら、日本一じゃないでしょうか。

081 ☐ 이 주변은 집이 꽤 지어졌군요.

082 ☐ 이거 별거 아닙니다만, 여행 선물입니다.

083 ☐ 이거 정말 감사합니다.

084 ☐ 이건 제 성의입니다만, 받아주십시오.

085 ☐ 이들 요구가 충족될 때까지, 우리들은 단호히 싸울 각오입니다.

086 ☐ 이렇게 좋은 것을 주시다니 고맙습니다.

087 ☐ 이번에는 하나부터 열까지 신세만 지고, 정말 감사합니다.

088 ☐ 이봐, 한 눈 팔지 말고.

089 ☐ 인간이 일체 손을 대지 않고, 자연 그대로의 상태로 보호하고 있으니까.

090 ☐ 일본에는 자주 오십니까?

091 ☐ 일이 힘들어 죽겠어.

092 ☐ 자 보세요. (상대방의 주의를 환기시키는 소리)

093 ☐ 자, 떠납시다.

094 ☐ 잘 됐다! 표를 못 구하는 게 아닌가 했는데.

095 ☐ 잘 생겼군요. (멋지군요.)

096 ☐ 잘 어울리는군요.

- この辺はずいぶん家が建ってきましたね。

- これ、つまらないものですが、旅行のお土産なんです。

- それはどうも。ありがとうございます。

- これはほんの気持ちですが、どうぞ。

- これらの要求が満たされるまで、我々は断固戦う覚悟です。

- 結構なものを、ありがとうございました。

- この度は、何から何までお世話になり、ありがとうございます。

- ほらほら、わき見しないで。

- 人間がいっさい手を加えないで、自然をそのままの状態で保護しているからね。

- 日本へはよくいらっしゃるんですか。

- 仕事がきつくなってまいった。

- ほら。

- さあ、出掛けましょう。

- よかった。チケット取れないかと思ってたよ。

- 格好いいですね。

- よくお似合ですね。

097 □ 장마인데 이제 비도 안 내리고 매일 날씨가 좋군요.

098 □ 저 사람. 참 멋있군요.

099 □ 저는 딸기라면 사족을 못 써요.

100 □ 저런, 시계가 늦게 가는군요.

101 □ 저희는 알 수 없기 때문에….

102 □ 전철 안에 가방을 두고 내렸는데 어떻게 하면 좋지요?

103 □ 정말 그래. (전적인 동의)

104 □ 정말! 눈치가 빠르군요.

105 □ 좋은 영화였어. 오랜만에 감동했어.

106 □ 죄송합니다. 다음 주 토요일 분은 모두 매진입니다만….

107 □ 지구 온난화와 더불어, 여러 가지 문제가 일어나고 있습니다.

108 □ 차 소리가 시끄럽습니다.

109 □ 청소를 해 주다니 생각지도 못한 일이에요.

110 □ 친절 때문에 살았습니다.

111 □ 폐를 끼쳤습니다.

112 □ 프로급이군요.

- 梅雨なのに、もう雨もふらずに毎日お天気ですね。
- あの人はシャレていますね。
- 僕はいちごには目がないんです。
- あれ、時計が遅れていますね。
- 私どもは分かりかねますので。
- 電車の中にかばんを忘れちゃったけど、どうしたらいいですか。
- まったくね。
- へえ、気が利きますね。
- いい映画だったね。久しぶりに感動したよ。
- 申し訳ございません。来週の土曜日の分は全て売り切れですが。
- 地球の温暖化に伴って、いろいろな問題が起きています。
- 車の音がうるさいです。
- 掃除をしてくれるなんて願ってもないことですよ。
- ご親切に助かりました。
- ご迷惑をおかけしました。
- プロ級ですね。

113 ☐ 하나부터 열까지 일일이 신경을 써 주셔서, 정말 뭐라고 드릴 말씀이 없습니다.

114 ☐ 하늘이 갰네요.

115 ☐ 하지만 내일은 일찍 나가 봐야 해서요. 오늘은 이만 가보겠습니다.

116 ☐ 할 수 있는 건 다 했어. 남은 일은 차분히 때를 기다리는 거지.

117 ☐ 훌륭하군요. (아주 멋지군요.)

- 何から何まで恐縮です。

- 晴れてきましたね。

- でもあしたは朝早いものですから、今日はこれで失礼します。

- できることはすべてやったよ。後は果報は寝て待てだよね。

- 素敵ですね。

STEP 13 인사, 비즈니스 일반

001 □ 5천 엔 거슬러 드리겠습니다.

002 □ 각자 내기로 하지요.

003 □ 감기는 이제 다 나았습니까?

004 □ 감사하게 사용하겠습니다.

005 □ 공교롭게도 자리에 없습니다.

006 □ 구두에 쓸려서 뒤꿈치가 따끔따끔해요.

007 □ 그 후 별고 없으십니까?

008 □ 그간 별고 없으셨습니까? (오랫동안 격조했습니다)

009 □ 그거 대단한 일이군요.

010 □ 그거 축하합니다.

011 □ 그것은 노력하기 나름입니다.

012 □ 그게 좀처럼 잘 안 됩니다.

013 □ 그래요? 그거 잘됐네요.

014 □ 그래요? 큰일이군요.

015 □ 그런 건 좀….

- 5000円のお返しです。
- 割り勘にしましょう。
- 風邪はもうよくなりましたか。
- ありがたく使わせていただきます。
- あいにく席を外しております。
- 靴擦れしてかかとがひりひりするんです。
- その後お変りございませんか。
- ご無沙汰しております。
- それはたいしたものですね。
- それはおめでとうございます。
- それは努力次第です。
- それがなかなかうまくいかないんです。
- そうですか。それはよかった。
- そうですか。たいへんですね。
- そういうのはちょっと。

016 □ 그럼 내일 또 만나요.

017 □ 그럼 이만 실례하겠습니다.

018 □ 그럼, 사양하지 않겠습니다. (그렇게 말씀하시니….)

019 □ 그럼, 이만 가보겠습니다.

020 □ 그렇게 신경 쓰지 않으셔도 되는데.

021 □ 그렇게 실망하지 마세요.

022 □ 금연석이 좋으십니까?

023 □ 기꺼이.

024 □ 기다리게 해서 죄송합니다.

025 □ 기다리셨습니다. (여기 있습니다.)

026 □ 꽤 오래간만이군요.

027 □ 날씨가 좋군요.

028 □ 내일이라면 시간이 되겠습니다만.

029 □ 너무 고마워.

030 □ 네, 잠시 요 앞에 갑니다.

031 □ 네, 전화 바꿨습니다.

032 □ 네, 정확합니다.

- じゃ、また明日。
- それでは、これで失礼します。
- それじゃ、お言葉に甘えて。
- では、そろそろ失礼いたします。
- そんなに気を使わないでください。
- そんなに気を落とさないでください。
- 禁煙席がよろしいですか。
- 喜んで。
- お待たせしてすみません。
- お待ちどおさま。
- ずいぶん久しぶりですね。
- いいお天気ですね。
- あしたなら都合がいいですが。
- 助かるよ。
- ええ、ちょっとそこまで。
- はい、お電話代わりました。
- はい、ちょうどです。

033 □ 노래방 준비를 해 둘게요.

034 □ 누구십니까?

035 □ 늦어서 미안해요.

036 □ 다녀오겠습니다.

037 □ 다녀오셨어요. / 어서 오너라. (귀가한 사람에게 하는 인사말)

038 □ 다음에 또 불러 주세요.

039 □ 대단히 실례했습니다.

040 □ 대단히 죄송합니다.

041 □ 대접하겠습니다. (제가 사드릴게요.)

042 □ 덕분에 아주 즐거웠어요.

043 □ 덕분에 잘 지내고 있습니다.

044 □ 또 오십시오.

045 □ 러시아워는 몇 시쯤입니까?

046 □ 마음껏 즐기십시오.

047 □ 만 엔 받았습니다.

048 □ 모처럼인데, 죄송해서 어쩌죠. (제안을 거절할 때)

049 □ 목적지까지 앞으로 얼마나 걸려요?

- カラオケの用意をしておきます。
- どちら様でしょうか。
- 遅くなってすみません。
- 行ってまいります。
- お帰りなさい。
- また今度誘ってください。
- たいへん失礼いたしました。
- たいへん申し訳ございません。
- ごちそうします。
- おかげさまでとても楽しかったです。
- おかげさまで元気にしております。
- またどうぞお越しくださいませ。
- ラッシュアワーは何時ごろですか。
- 心行くまでお楽しみください。
- 1万円お預かりします。
- せっかくですが。
- 目的地まであとどのくらいですか。

050 □ 무슨 일입니까?

051 □ 뭔가 찾으시는 게 있습니까?

052 □ 미안합니다. 처음입니다만.

053 □ 바쁘신 데 죄송합니다.

054 □ 벌써 다 팔려 버렸습니다.

055 □ 별거 아니야. (대단치 않아.)

056 □ 별거 아닙니다만, 받아주세요. (선물을 건넬 때)

057 □ 별고 없으십니까?

058 □ 부디 사양하지 마세요.

059 □ 비가 잘도 오는군요.

060 □ 새해 복 많이 받으세요.

061 □ 생선초밥 배달 부탁합니다.

062 □ 선물용으로 포장해 주세요.

063 □ 송구합니다.

064 □ 수고가 많네. 수고해.

065 □ 수수한 것은 저쪽 코너에 있습니다.

066 □ 수첩 같은 것은 아무 것도 없습니다만.

- どうかしたんですか。
- 何かお探しですか。
- すみません。初めてなんですが。
- お忙しいのにすみません。
- もう売り切れてしまいました。
- たいしたことない。
- ささやかなものですが、どうぞ。
- お変わりありませんか。
- どうぞ、ご遠慮なく。
- よく降りますね。
- 明けましておめでとうございます。
- お寿司の出前お願いします。
- プレゼント用に包んでください。
- 恐れ入ります。
- ご苦労様。
- 地味なのはあちらのコーナーにございます。
- 手帳らしいものは何もありませんが。

067 ☐ 시간을 낼 수 있습니다만.

068 ☐ 신세 좀 지겠습니다.

069 ☐ 실례합니다. (계십니까?)

070 ☐ 실례합니다. 여기 비어있습니까?

071 ☐ 서늘해졌군요.

072 ☐ 아, 미안한데, 급한 일이 있어서.

073 ☐ 아, 죄송합니다. 조심하겠습니다.

074 ☐ 아뇨, 별것 아니에요.

075 ☐ 아뇨, 이제 충분합니다.

076 ☐ 아뇨, 조금밖에 이해하지 못했어요.

077 ☐ 아니요, 천만에요.

078 ☐ 아니요, 천만에요.

079 ☐ 아니요, 천만의 말씀입니다.

080 ☐ 아닙니다. (틀립니다.)

081 ☐ 아무 것도 대접해 드리지 못해서.

082 ☐ 아직 구입할지 말지 정하지 않았습니다.

083 ☐ 안녕하십니까?

- 都合がいいんですが。

- お世話になります。

- ごめんください。

- すみません、ここ空いていますか。

- 涼しくなりましたね。

- あ、悪いけど、急いでるから。

- あ、すみません。気をつけます。

- いえ、たいしたことはありません。

- いいえ、もう十分です。

- いいえ、少ししか分かりませんでした。

- いいえ、どういたしまして。

- いいえ、とんでもございません。

- いいえ、とんでもありません。

- 違いますよ。

- 何もお構いできませんで。

- まだ買うかどうか決めていません。

- お元気ですか。

084 ☐ 안녕하십니까?

085 ☐ 안녕히 가십시오.

086 ☐ 안타깝지만.

087 ☐ 앞으로는 주의하겠습니다.

088 ☐ 약간 많군요.

089 ☐ 어서 들어오세요.

090 ☐ 어서 오십시오.

091 ☐ 어서 오십시오. 자 들어오세요.

092 ☐ 어서, 먼저. (하세요)

093 ☐ 어느 분이십니까?

094 ☐ 어느 쪽으로 하시겠습니까?

095 ☐ 어느 쪽이 더 좋으세요?

096 ☐ 어디가 아프세요?

097 ☐ 어디에 묵으십니까?

098 ☐ 어라, 케이크 안 먹어요?

099 ☐ 어지간히 기뻤나 봅니다.

100 ☐ 어처구니가 없군요.

- ご機嫌いかがですか。
- ご機嫌よう。
- 残念ですけど。
- これからは気をつけます。
- ちょっと多いですね。
- どうぞ、お上がりください。
- いらっしゃいませ。
- いらっしゃい。どうぞお上がりください。
- どうぞ、お先に。
- どちらさまでいらっしゃいますか。
- どちらになさいますか。
- どちらがよろしいでしょうか。
- どうしました(?)。
- どちらにお泊まりですか。
- あれっ、ケーキを食べないんですか。
- よほどうれしかったんですね。
- とんでもないですね。

101 □ 얼마나 애통하십니까? (문상)

102 □ 여기에는 뭐가 생깁니까?

103 □ 여전합니다.

104 □ 예, 잘 알겠습니다.

105 □ 예산은 얼마이신가요?

106 □ 오늘은 무더운 날씨군요.

107 □ 오늘은 이만 실례하겠습니다.

108 □ 오늘은 잘 먹었습니다.

109 □ 오늘은 정말 잘 먹었습니다. (대접받았을 때)

110 □ 오늘은 제가 내겠습니다.

111 □ 오래 기다리게 했습니다. (죄송합니다)

112 □ 오래 기다리셨습니다.

113 □ 오랜만이야. 어떻게 지내?

114 □ 오랜만입니다.

115 □ 요즘 일은 어떻습니까?

116 □ 우산을 가져오길 잘했습니다.

117 □ 응, 과연 그렇군. (동감)

- この度はどうもご愁傷さまです。
- ここには何ができるんですか。
- 相変わらずです。
- はい、かしこまりました。
- ご予算はいくらですか。
- 今日は蒸し暑いですね。
- 今日はこれで失礼します。
- 今日はごちそうさまでした。
- ほんとうに今日はごちそうさまでした。
- 今日は私がおごらせていただきます。
- お待たせしました。
- お待たせいたしました。
- しばらくだね。どうしてる(?)。
- お久しぶりですね。
- 最近仕事はどうですか。
- かさを持ってきてよかったです。
- うん、なるほどね。

118 □ 응, 역시. (훌륭하군, 대단하다)

119 □ 이 크림 바르기만 하면 살이 빠진대.

120 □ 이 한자, 틀리지 않았나요?

121 □ 이건 어떻게 사용합니까?

122 □ 이걸로 할까?

123 □ 이것, 약소합니다만. (마음의 표시입니다.)

124 □ 이제 이해가 되셨습니까?

125 □ 이쪽이 부장인 야마다입니다.

126 □ 일부러 마중 나와 주셔서 감사합니다.

127 □ 일부러 보내주시지 않아도 되는데….

128 □ 일은 언제부터입니까?

129 □ 일전에는 고마웠어요.

130 □ 일전에는 대단히 감사했습니다.

131 □ 일전에는 대접 잘 받았어요.

132 □ 입에 맞으면 좋겠습니다만.

133 □ 자, 편하게 앉으세요.

134 □ 잘 먹었습니다.

- うん、さすがですね。
- このクリーム、塗るだけでやせるんだって。
- この漢字、間違っていませんか。
- これはどうやって使うんですか。
- これにしようかな。
- これ、ほんの気持ちですが。
- もうおわかりになりましたか。
- こちらが部長の山田です。
- わざわざお出迎えありがとうございました。
- わざわざお送りくださらなくても…。
- 仕事はじめはいつからですか。
- 先日は、ありがとうございました。
- 先日は、どうもありがとうございました。
- 先日は、ごちそうさまでした。
- お口に合うといいのですが。
- どうぞ、足を崩してください。
- ごちそうさまでした。

135 ☐ 잘 오셨습니다. 천천히 놀다 가세요.

136 ☐ 잠깐 쉴까요?

137 ☐ 잠깐 여쭤볼 게 있는데요.

138 ☐ 잠깐 편의점에 다녀올게요.

139 ☐ 잠시 실례해도 되겠습니까?

140 ☐ 저 사람, 다나카 씨 아니에요?

141 ☐ 저는 어디라도 상관없습니다.

142 ☐ 저야말로 잘 부탁드리겠습니다.

143 ☐ 저쪽 모퉁이를 돌면 있습니다.

144 ☐ 전철은 아직 있습니까?

145 ☐ 전화 좀 쓰겠습니다.

146 ☐ 절반 가격으로 제공해 드리고 있습니다.

147 ☐ 접수해 드렸습니다.

148 ☐ 정말 도움이 많이 돼요.

149 ☐ 정말 믿음직한 사람입니다.

150 ☐ 정말 신세 많이 졌습니다.

151 ☐ 정말 일전에는 신세 많이 졌습니다.

- よくいらっしゃいました。ゆっくりしていってくださいね。
- ちょっと一息入れましょうか。
- ちょっとお伺いしたいことがあるんですが。
- ちょっとコンビニに行ってきます。
- ちょっとおじゃましてもいいですか。
- あれは田中さんじゃないですか。
- 私はどこでもかまいません。
- こちらこそ、どうぞよろしくお願いします。
- あそこの角を曲がったところです。
- 電車は、まだありますか。
- お電話お借りします。
- 半額で提供いたしております。
- 承りました。
- 本当に助かりますよ。
- 本当に頼りになる人です。
- ほんとうにお世話になりました。
- どうも先日はお世話になりました。

152 ☐ 정말 잘 먹었습니다.

153 ☐ 제가 내겠습니다.

154 ☐ 제법 따뜻해졌군요.

155 ☐ 제법 스트레스를 느낍니다.

156 ☐ 조그마한 것입니다. 부디 받아주십시오.

157 ☐ 좀 더 느긋하게 지켜 봐 주세요.

158 ☐ 좀 더 다가서(다가앉아) 주세요.

159 ☐ 좀 더 천천히 계시다 가세요.

160 ☐ 좀 먹어봐도 됩니까?

161 ☐ 좋아, 이 방법으로 하자!

162 ☐ 죄송합니다.

163 ☐ 죄송합니다. 미처 몰랐습니다.

164 ☐ 죄송합니다만.

165 ☐ 지금 다른 전화를 받고 있습니다.

166 ☐ 지금 무슨 소리 들리지 않았어?

167 ☐ 지금 외출 중인데요.

168 ☐ 지금 통화 중입니다만.

- どうもご馳走さまでした。
- 私が払います。
- だいぶ暖かくなってきましたね。
- けっこうストレスになっています。
- ささやかなものです。どうぞお納めください。
- もっと気長に見守ってください。
- もう少し詰めてください。
- もっとゆっくりしていってください。
- ちょっと食べてみてもいいですか。
- よし、これでいこう。
- 申し訳ありません。
- すみません、気がつきませんでした。
- 恐れ入りますが。
- ただいま、ほかの電話に出ております。
- 今物音がしなかった(?)。
- 今、出かけておりますが。
- ただいま、お話中ですが。

169 ☐ 지금 회의 중입니다.

170 ☐ 짐은 이곳에서 보관하겠습니다.

171 ☐ 짐을 들어드리겠습니다.

172 ☐ 찾아주셔서 감사합니다.

173 ☐ 책임지고 맡겠습니다.

174 ☐ 처음 뵙겠습니다.

175 ☐ 천천히 보세요. (가게)

176 ☐ 초대해 주셔서 감사합니다.

177 ☐ 초밥 집은 몇 번째죠?

178 ☐ 최근에 공부를 시작했습니다.

179 ☐ 추워졌군요.

180 ☐ 출생지는 어디십니까?

181 ☐ 카드로 지불하셔도 됩니다.

182 ☐ 카드를 받았습니다.

183 ☐ 커피 한 잔 더 하시겠습니까?

184 ☐ 판매는 어떻습니까?

185 ☐ 편하게 하세요. / 편하게 앉으세요.

- ただ今、会議中でございます。
- 荷物はここでお預かりします。
- お荷物をお持ちしましょう。
- お越しくださり、ありがとうございます。
- お引き受けします。
- はじめまして。
- ごゆっくり、どうぞ。
- お招きいただきありがとうございました。
- 寿司屋は何回目ですか。
- 最近習い事をはじめました。
- 冷え込みますね。
- ご出身はどちらですか。
- カード払いでもかまいません。
- カードをお預かりします。
- コーヒーおかわりいかがですか。
- 売れ行きはいかがですか。
- どうぞ、お楽に。

186 □ 편히 앉으세요. / 편히 쉬세요.

187 □ 폐를 끼쳐서 죄송합니다.

188 □ 피차일반입니다.

189 □ 한 턱 내겠습니다.

190 □ 함께 어떻습니까?

191 □ 항상 신세지고 있습니다.

192 □ 해가 짧아졌어요.

193 □ 협의를 하러 왔습니다.

194 □ 환영합니다. / 잘 오셨습니다.

195 □ 환전을 부탁합니다.

- どうぞ楽にしてください。
- ご迷惑をかけてすみません。
- お互いさまです。
- おごります。
- 一緒にどうですか。
- いつもお世話になっております。
- 日が短いですね。
- 打ち合わせに参りました。
- ようこそ。
- 両替お願いします。

저자약력

강성광(姜星光)
서경대학교 일어일문학과 수석졸업
일본 문부성 초청 국비유학 (京都大)
중앙대학교 교육대학원 졸업(일본어교육학)
現 청문외국어학원(종로본원) JPT/일본어능력시험 전문 강사
現 동서울대학 JPT강사
카페 http://cafe.daum.net/KingJPT (강성광선생님과 JPT달인되기)
이메일 khi8896@hanmail.net

130점 더 올려주는
JPT 회화표현 1400

초판발행 | 2010년 2월 20일

저자 | 강성광
발행인 | 이기선
발행처 | 제이플러스
주소 | 서울시 마포구 망원2동 467-30번지
전화 | (02) 332-8320
팩스 | (02) 332-8321
등록번호 | 제10-1680호
등록일자 | 1998년 12월 9일
홈페이지 | www.jplus114.com

ISBN 978-89-92215-91-6

값 10,000원

※ 파본은 구입하신 서점에서 바꾸어 드립니다.

memo